日语场景写作

（上册）

张鹏　朱虹 / 主编

苏州大学出版社
Soochow University Press

图书在版编目(CIP)数据

日语场景写作.上册/张鹏,朱虹主编.-- 苏州：苏州大学出版社，2024.11. -- ISBN 978-7-5672-5022-2

Ⅰ.H365

中国国家版本馆 CIP 数据核字第 202443HY16 号

| 书　　名：日语场景写作（上册）
| RIYU CHANGJING XIEZUO（SHANGCE）
| 主　　编：张　鹏　朱　虹
| 责任编辑：金莉莉
| 装帧设计：刘　俊
| 出版发行：苏州大学出版社（Soochow University Press）
| 社　　址：苏州市十梓街1号　　邮编：215006
| 印　　刷：苏州工业园区美柯乐制版印务有限责任公司
| 邮购热线：0512-67480030
| 销售热线：0512-67481020
| 开　　本：700 mm×1 000 mm　1/16　印张：13.25　字数：265千
| 版　　次：2024年11月第1版
| 印　　次：2024年11月第1次印刷
| 书　　号：ISBN 978-7-5672-5022-2
| 定　　价：45.00元

凡购本社图书发现印装错误，请与本社联系调换。服务热线：0512-67481020

前 言

写作能力是听、说、读、写四大基本能力之一，日语写作贯穿日语学习的整个阶段。"日语写作"课程是《普通高等学校本科专业类教学质量国家标准》中规定的日语专业本科必修课程之一，也是目前四类主干课程中教材数量最少、教学资源最匮乏的一类。

《日语场景写作》教材立足我国教育数字化、信息化时代的实际教学需求，搭建线上与线下、虚拟与实体相结合的立体教学资源平台，将日语写作基础知识与中华优秀传统文化要素相结合，努力打造内容丰富、形式多样、趣味教学与思政教育有机结合的精品教材。

教材内容以创新的"场景式"模式展开，以中心人物"作小文"的大学生活为主线，按照学校篇、生活篇、工作篇、升学篇、综合篇五个部分设计，将与每种场景对应的写作课程内容以故事形式展现，以达到提高学生学习兴趣和教学效果的目的。与教材相衔接的线上课程（中国大学MOOC"日语写作"课程）共汇总了40个知识点，其中20个知识点为写作技法，涉及句型、文体、跨文化差异表达等。另外20个知识点为写作实例，从简单的自我介绍到进阶的明信片、书信，再到高阶的研究计划书、论文等。每个知识点规划学习时间为6—8分钟，线上课程总时长为240—320分钟。教材在传统日语写作课程的基本框架之上增加了有关中华优秀传统文化及风土人情、中国社会主义现代化建设伟大成就的内容介绍，力求在夯实学生日语写作能力的同时，培养他们用日语讲好中国故事的能力。

教材出版受江南大学本科教育教学改革研究项目"一流课程建设项目'日语写作'"、江南大学本科教育教学改革研究项目"数字化背景下日语专业

'读-写-用'课程群建设研究"成果、江苏省"青蓝工程"中青年学术带头人培养项目成果支持,编写过程中得到了王忻、许慈惠、吴光辉等学界前辈教授们的悉心指导,在此表示诚挚的谢意!

张 鹏

2024 年 10 月 8 日

1 学校篇

第一课 初次见面：自我介绍写作 003
    场景介绍 004
    写作技巧 005
    写作范文 012
    范文点评 013
    课堂练习 015

第二课 自我展示：简历写作 019
    场景介绍 020
    写作技巧 021
    写作范文 031
    范文点评 032
    课堂练习 035

第三课 校园活动：海报文案写作 039
    场景介绍 040
    写作技巧 041

写作范文	050
范文点评	051
课堂练习	053

第四课　工厂参观：说明文写作　　057

场景介绍	058
写作技巧	059
写作范文	065
范文点评	067
课堂练习	069

2 生活篇

第五课　日常生活：日记写作　　075

场景介绍	076
写作技巧	077
写作范文	083
范文点评	084
课堂练习	087

第六课　书信交流1：明信片书写　　091

场景介绍	092
写作技巧	093
写作范文	098
范文点评	099
课堂练习	102

第七课　书信交流 2：信函写作　　107

场景介绍　　108
写作技巧　　109
写作范文　　120
范文点评　　121
课堂练习　　123

第八课　组织机构：公文写作　　127

场景介绍　　128
写作技巧　　129
写作范文　　134
范文点评　　137
课堂练习　　140

第九课　网络社交：评论写作　　145

场景介绍　　146
写作技巧　　147
写作范文　　152
范文点评　　153
课堂练习　　156

3 工作篇

第十课　实习面试：应聘申请书写作　　163

场景介绍　　164
写作技巧　　165
写作范文　　170

范文点评 　173
　　课堂练习 　176

课堂练习参考答案　181

附录一　常见俳句与季语　189

附录二　日语敬语表达汇总　193

附录三　其他常用表达汇总　197

主要参考资料　201

表目录

表1-1	名词谓语句日语敬体和简体句式对照表	005
表1-2	动词谓语句日语敬体和简体句式对照表	005
表1-3	形容词谓语句日语敬体和简体句式对照表	006
表1-4	形容动词谓语句日语敬体和简体句式对照表	006
表1-5	与兴趣爱好相关的词汇	010
表2-1	日语中常用口语、书面语对照表	021
表2-2	社团申请简历模板	024
表2-3	个人经历叙述常用词汇	025
表2-4	个人能力相关词汇	028
表2-5	日语动词可能态变形规则	032
表2-6	日语授受动词的敬语形式	033
表3-1	标语或口号创作的关键要素、技巧及案例	042
表3-2	部分日本知名品牌宣传标语汇总	043
表3-3	活动宣传海报常用词汇	047
表4-1	日语常见客观表达与主观表达对照表	061
表4-2	表示"次序"时常用的接续词	062
表5-1	部分与天气相关的日语词汇	078
表5-2	表示行为活动的日语词汇	079
表5-3	日语中表达感受的动词或名词（短语）	080
表5-4	日语中常见感情形容词和形容动词	081

表 5-5	日语中常见的「縮約形・短縮句」	084
表 6-1	日语贺年卡中贺词表达的常见错误	094
表 6-2	日语贺年卡的常见寒暄与致谢表达	094
表 6-3	日语贺年卡的常见期待与祝福表达	095
表 6-4	竖式格式数字的表达	097
表 6-5	夏日问候信的构成	100
表 7-1	日语书信的结构	109
表 7-2	日语信件"头语"和"结语"对照表	110
表 7-3	日语时令问候与季语	111
表 7-4	日语常用问好用语	115
表 7-5	日语书信忌讳语	122
表 7-6	日本书信、明信片使用场合	122
表 8-1	灾害应急防控相关日语词汇	138
表 9-1	日语常用网络词汇	150
表 9-2	"名词/拟声词/外来语＋る"型流行语	151
表 9-3	尊敬语、谦让语及郑重语的区别	154
表 10-1	日语应聘申请书	165
表 10-2	应聘申请书各部分叙述逻辑	174
附表 2-1	日语敬语类型和表达规则	193
附表 2-2	形容词接续「ござる」变换规则	196
附表 3-1	七大洲表达	197
附表 3-2	国家、语言等表达	197
附表 3-3	亲属称谓表达	198
附表 3-4	职位头衔及部门表达	199

1 学校篇

第一课

初次见面：自我介绍写作

场景介绍

新学期开始了，我们的主人公作小文同学进入了新的学习环境。开学的第一课总是让人充满期待，但又让人惴惴不安。让初次见面的老师和同学了解自己是融入新环境的关键一步，而一段清晰、得体的自我介绍则能给人留下深刻的第一印象。

自我介绍是个人主动向他人介绍自己的基本信息、兴趣爱好等的文体形式，是让对方快速了解自己并形成初步印象、展示自身独特魅力、传递个人关键信息、展现职业素养和社交礼仪的重要方式。

那么，日语自我介绍写作的基本框架是什么？有哪些主要的句型？如何让自己的自我介绍摆脱千篇一律的模式、展现个性特色？如何在自我介绍中打造亮点、加深听众的印象？让我们带着这些问题一起学习自我介绍的写作吧！

はい、それでは授業を始めましょう。皆さん、こんにちは。初めまして。

先生、こんにちは！初めまして！

いよいよ新学期が始まりましたね。皆さんと仲良くなるために、簡単な自己紹介をお願いします。

名前、出身地、趣味、将来の夢などを、気軽に教えていただけると嬉しいです。

それでは、まずは作さんから、自己紹介をどうぞ。

はい！

（场景会话）

第一课　初次见面：自我介绍写作

写作技巧

一、日语自我介绍写作的文体和语体形式

在进行日语自我介绍时，一般使用敬体，即以「です」「ます」结句的文体。日语中主要的敬体和简体句式对照关系可以参照表1-1、表1-2、表1-3和表1-4。

表1-1　名词谓语句日语敬体和简体句式对照表

时态		敬体	简体
现在	肯定	～です	～だ
	否定	～ではありません	～ではない
	疑问	～ですか	～／～か
	肯定推测	～でしょう	～だろう
	否定推测	～ではないでしょう	～ではなかろう
过去	肯定	～でした	～だった
	否定	～ではありませんでした	～ではなかった
	疑问	～でしたか	～だった／～だったか
	肯定推测	～だったでしょう	～だっただろう
	否定推测	～ではなかったでしょう	～ではなかっただろう

表1-2　动词谓语句日语敬体和简体句式对照表

时态		敬体	简体
现在	肯定	～ます	～（动词基本形）
	否定	～ません	～ない
	疑问	～ますか	～／～か
	意志	～ましょう	～う／～よう（动词意志形）

续表

时态		敬体	简体
现在	肯定推测	～でしょう	～だろう
	否定推测	～ないでしょう	～ないだろう
过去	肯定	～ました	～た
	否定	～ませんでした	～なかった
	疑问	～ましたか	～たか
	意志	—	—
	肯定推测	～たでしょう	～ただろう
	否定推测	～なかったでしょう	～なかっただろう

表1-3 形容词谓语句日语敬体和简体句式对照表

时态		敬体	简体
现在	肯定	～いです	～い
	否定	～く（は）ないです／く（は）ありません	～く（は）ない
	疑问	～いですか	～い／～いか
	肯定推测	～いでしょう	～だろう
	否定推测	～くないでしょう	～くなかろう
过去	肯定	～かったです	～かった
	否定	～く（は）なかったです／く（は）ありませんでした	～く（は）なかった
	疑问	～かったですか	～かった／～かったか
	肯定推测	～かったでしょう	～かっただろう
	否定推测	～くなかったでしょう	～くなかっただろう

表1-4 形容动词谓语句日语敬体和简体句式对照表

时态		敬体	简体
现在	肯定	～です	～だ
	否定	～ではありません	～ではない
	疑问	～ですか	～／～か

续表

时态		敬体	简体
现在	肯定推测	～でしょう	～だろう
	否定推测	～ではないでしょう	～ではなかろう
过去	肯定	～でした	～だった
	否定	～ではありませんでした／～ではなかったです	～ではなかった
	疑问	～でしたか	～だった／～だったか
	肯定推测	～だったでしょう	～だっただろう
	否定推测	～ではなかったでしょう	～ではなかっただろう

二、日语自我介绍写作的基本框架

自我介绍是对个人信息和特点的描述，得体的自我介绍能够帮助介绍者快速融入新环境、结交新朋友，但自我介绍的篇幅不宜过长。根据场合，有时只需要寒暄语和姓名两部分。

自我介绍的写作往往有一个比较固定的基本框架，主要包括寒暄语、姓名、籍贯、家庭构成、兴趣爱好、个人现状、理想等内容。实际应用时再根据不同场合和需求等增删内容。

（1）寒暄语：日语中的固定寒暄语表达，如「初めまして」等。

（2）姓名：名字的构成与来历、含义等。

（3）籍贯：出生地等。

（4）家庭构成：是大家庭还是小家庭，有哪些家庭成员，等等。

（5）兴趣爱好：喜欢做的事情、特长等。

（6）个人现状：近期的工作、学习情况等。

（7）理想：对未来的希望等。

（8）对听众的期待：希望对方给予关心或支持等。

（9）结束语：对对方表示感谢，如「ご清聴ありがとうございました」等。

三、日语自我介绍写作的常用句型

1. 寒暄语：日语中的固定寒暄语表达
- ✧ 皆さん、こんにちは。（大家好。）
- ✧ 初めまして。（初次见面。）

2. 姓名：名字的构成与来历、含义等
（1）私は～と申します。（我的名字叫……）
- ✧ 私は作小文と申します。（我的名字叫作小文。）

解说

「申す」是「言う」的自谦语，是一种自谦的表达方式。在实际的使用过程中，「私は～と申します。」这一基本句型也可以省略主语「私は」，但需要注意：因为是自谦表达，所以不能在名字后面加上用于敬称他人的「～さん」。

与中文口语中自称基本使用"我"不同，日语人称代词除了「私」，还有各种变体，因此在书面语表达中也常会碰到使用「わたくし」的时候，这里要根据具体的语体正式程度进行选择。

（2）～は～の～です。（……是……的……字。）
- ✧ 「文」は「作文」の「文」です。（"文"是"作文"的"文"字。）

（3）～は～という意味です。（……是……的意思。）
- ✧ 「文」は「言葉」や「文章」という意味です。（"文"是"语言""文章"的意思。）

3. 籍贯：出生地等
（1）～で生まれました。（我在……出生。）

- ◇ 中国で生まれました。（我在中国出生。）

（2）出身地は～です。（我的家乡是……）
- ◇ 出身地は上海です。（我的家乡是上海。）

4. 家庭构成：是大家庭还是小家庭，有哪些家庭成员，等等

- ◇ うちは核家族で、父、母と私の三人で一緒に暮らしています。（我家是小家庭，我和父母三人一起生活。）
- ◇ 我が家は両親と祖父母と私の大家族で、それから猫を二匹飼っています。（我的家庭是个大家庭，我和父母、祖父母一起生活，还养了两只猫。）

5. 兴趣爱好：喜欢做的事情、特长等

（1）（私の）趣味は～です。（我的兴趣是……）
- ◇ 私の趣味はランニングと水泳です。（我的兴趣是跑步和游泳。）

（2）～が得意です。（我擅长……）
- ◇ 刺繍が得意です。（我擅长刺绣。）

> **解说**
>
> 「上手」和「下手」主要指客观上擅长和不擅长，多用于评价他人，不适合在介绍自己时使用，但在介绍亲属或其他人时可以使用。「得意」主要指主观上擅长，与个人的意志和感觉有关，实际上并不一定得心应手，其相对表达为「苦手」，可以用于自我介绍，在实际使用中需要甄别使用这两类词。

表 1-5 总结了学校教材中不常见但使用频度较高的与兴趣爱好相关的词汇。

表1-5 与兴趣爱好相关的词汇

类别	日文	中文
运动类	サーフィン	冲浪
	民族舞踊を踊る	跳民族舞
	バレーボールをする	打排球
	ランニング	跑步
	釣り	钓鱼
	ヨガをする	练瑜伽
	フィットネスをする	健身
文化类	美術館巡り	参观美术馆
	古本屋巡り	逛旧书店
	カフェ巡り	泡咖啡馆
	聖地巡礼	文化旅游
	オペラ鑑賞	欣赏歌剧
	絵を描く	绘画
	楽器を演奏する	演奏乐器
其他	お菓子作り	烘焙
	ドライブ	兜风
	競技かるた	歌牌竞技
	フィギュア集め	收集手办
	ガーデニング	园艺
	編み物をする	编织

6. 个人现状：近期的工作、学习情况等

（1）最近／今は～を学んでいます。(最近/现在在学习……)

◇ 今は撮影を学んでいます。(现在在学习摄影。)

（2）最近／今は～に力を入れています。（最近／现在致力于……）
  ◇　最近は日本語学習に力を入れています。（最近在努力学习日语。）

7. 理想：对未来的希望等
  （1）私の夢は～です。（我的梦想是……）
  ◇　私の夢は教師になることです。（我的梦想是成为一名老师。）

  （2）将来は～したいです／～になりたいです。（将来想做／想成为……）
  ◇　将来はカメラマンになりたいです。（将来想成为一名摄影师。）

8. 对听众的期待：希望对方给予关心或支持等
  ◇　友達になりたいです。（想交朋友。）
  ◇　皆さんと仲良くなりたいです。（希望和大家友好相处。）
  ◇　どうぞよろしくお願いします。（请多多关照。）

9. 结束语：对对方表示感谢
  ◇　（私の自己紹介は）以上です。ご清聴ありがとうございました。
    （以上是我的自我介绍，感谢大家的倾听。）

写作范文

皆さん、こんにちは。

初めまして、作小文と申します。中国河北省の張家口市で生まれ育ちました。張家口市は冬になると雪景色がとてもきれいです。趣味はスポーツで、小学校の時からずっとスキーを続けています。自然の雪と山々に囲まれることでリフレッシュし、自分自身を癒すことができます。

実は、私は長野冬季オリンピックが行われた年に生まれたのです。オリンピックと縁があったみたいで、2022年の北京冬季オリンピックも私のふるさとで開催されました。ちなみに、私が尊敬するアスリートは谷愛凌さんと羽生結弦さんで、彼らが見せた高い水準のパフォーマンスやスポーツマンシップに感動しました。

私の将来の夢は、スポーツ担当のジャーナリストになることです。スポーツや語学の知識を活用して、体育事業の発展、そして公衆の健康のために自分の力で貢献したいと思います。

ですので、運動仲間を探しています。興味がある方はぜひお声がけください。どうぞよろしくお願いします。

以上です。ご清聴ありがとうございました。

第一课　初次见面：自我介绍写作

范文点评

● 知识点1：介绍姓名的技巧

在自我介绍的过程中，清晰地用外语将姓名介绍给对方是一个重点，同时也是一个难点。虽同在汉字文化圈，但除了"王""李"等常用的姓氏，日本人通常很难仅凭发音确定中国人姓名的汉字写法。

最直接的解决办法是在自我介绍的同时写下自己的姓名，如果不能直接将姓名的汉字展示给对方或姓名的汉字比较生僻，则可以借助其他相关信息进行介绍。例如，姓鲁的同学可以这样介绍自己的姓名：

◇ 魯小文と申します。「魯」は「魯迅」の「魯」です。（我叫鲁小文，"鲁"是鲁迅的"鲁"。）

● 知识点2：介绍家乡的技巧

不熟悉中国地理情况的日本人很难在听完中国人关于家乡的介绍后联想到中国某个具体的城市。为避免误解，让听众更好地了解自己，我们在介绍完出生地后应进一步描述自己的家乡，给对方更多的提示和一定的反应时间。

常用办法之一是就当地名胜古迹、美食特产、名人故居或特色活动等进行补充。例如，来自青岛的同学在介绍完籍贯后可以这样补充：

◇ 青島はビールが有名で、日本の中華料理屋さんでも「青島ビール」がよく見られます。（青岛因啤酒而闻名，在日本的中国餐厅也能经常看到青岛啤酒。）

● 知识点3：运用自我介绍的基本框架

　　前面我们对自我介绍的基本框架、使用文体、具体内容填充等进行了较为详细的学习。除此之外，需要注意的是，自我介绍需要根据实际情况和要求等增删内容。每个人在不同场景下的自我介绍不能是千篇一律的，要根据情况突出个人特色，进行详略得当的自我介绍，以此给人留下深刻的印象。

课堂练习

1. 根据提示用日语完成句子

（1）我叫张民，是土生土长的北京人。（生まれ育つ）

（2）我的爱好是跑步，我去年参加了北京的马拉松。（趣味／マラソン大会）

（3）我和父母一起生活，家里还养了两只可爱的小狗。（暮らす）

（4）我最近在学习编程，希望将来成为一名工程师。（プログラミング／エンジニア）

（5）希望能和电影迷交交朋友，并友好相处。（映画マニア／仲良い）

2. 阅读理解（结合短文内容回答问题）

私の夢

　人生の中で、誰もが自分の夢を持っているだろう。それは遠大なものかもしれないし、身近で小さなものかもしれない。しかし、どんな夢でも、私たちを前に進ませ、生活に色彩を与えてくれる。私の夢は教育の分野で貢献をすることであり、特に外国語教育を通じて、人と人との架け橋になることである。

　子どもの頃から、私は言語に興味を持っていた。テレビやラジオで流れてくる異国の言葉を聞くたびに、その背後にある文化や風習に思いを馳せた。学校で英語を学び始めた頃、私は初めて外国語の奥深さと面白さを実感した。単語を一つ一つ覚え、文法を理解し、やがては自分の思いを外国語で表現できるようになる喜びは、今でも忘れられない。

　大学では、私は言語学を専攻し、さまざまな言語と文化に触れた。その中で、特に日本語に魅せられ、深く学ぶことを決意した。日本語の美しい音

韻、漢字、そして独特の文化に触れることで、私はますますこの言語の魅力に引き込まれていった。同時に、外国語を学ぶことの大切さ、そしてそれを教えることの意義を深く感じるようになった。

　私の夢は、将来、外国語教師として、多くの人に言語の楽しさと奥深さを伝えることである。特に、私は日本語教育に力を入れ、日本と私の国との架け橋になるような人材を育てたいと思っている。言語は、単なるコミュニケーションツールではない。それは文化の伝承、歴史の記憶、そして人々との理解と絆でもある。自分の教え子たちに、言語を通じて異文化を理解させ、広い世界を見せることができるように、全力を尽くして指導したい。

　また、私は教育の現場で、常に新しい教育方法や技術を追求し、より効果的に、より楽しく言語を学べる環境を作りたいと思っている。教育は、単なる知識の伝授ではなく、学生たちの個性と能力を伸ばし、彼らが自信を持って未来に向かって歩んでいくための支えでもある。

　私の夢は、まだ遠い道のりであるが、私は毎日を大切に、一歩一歩前に進んでいくつもりである。言語の力で、人と人とを繋ぎ、世界をよりよくするために、私は自分の夢を追い続けていく。

(1) なぜ「私」は子どもの頃から言語に興味を持っていましたか。

(2)「私」の将来の夢の職業は何ですか。

(3)「私」は教育についてどう思っていますか。

3. 写作（结合题目要求和本课所学完成写作）

　　作为一名大学本科一年级日语专业的学生，你现在要向班级同学们进行自我介绍，请参考本课所学的知识点，完成自我介绍的写作。（不少于

300字）

皆さん、こんにちは。

第二课

自我展示：简历写作

场景介绍

精彩的自我介绍使作小文受到了老师和同学们的关注，她被老师邀请加入学校翻译社团。加入学校社团需要先提交申请书或参加面试等。为了加入学校翻译社团，作小文同样也需要提前准备一份介绍自己情况的简历。

简历是求职者或申请人向用人单位或团体提供的，用于展示个人基本信息、特长和兴趣等内容的书面材料。一般要求语言正式、格式规范，强调内容的真实性和准确性。

日语简历撰写的重点是什么？日语简历有什么特征？在简历中如何巧妙地组织语言、有效地介绍自己？本课内容将向大家展示日语简历的基本框架，并结合日语简历写作中一些常用的词语和句型进行讲解。

作さん、この間、作文の授業の自己紹介はよくできましたね。

ありがとうございます！先生のヒントのおかげです！

いえいえ。それでね、私、翻訳サークルの顧問なんですが、ちょうど最近サークルが新しい部員を募集しているので、もし作さんが翻訳に興味があったら、やってみたらどうでしょうか？

はい！ずっと前から翻訳が大好きなので、是非、やらせていただきたいと思います！

そうですか。では、今週金曜日の夜7時までに、この入部申込書を書いて、私に提出してくださいね。

はい、分かりました！なるべく早く仕上げます。

（场景会话）

第二课 自我展示：简历写作

一、日语简历写作的文体、语体形式

日语简历的文体一般使用敬体，即以「です」或「ます」结句。语体上则常以书面语形式呈现，例如：表示"但是，不过；虽如此"时，在口语中我们常说「でも」，而其对应的书面语表达为「しかし」；表示"完全，一点儿（也没有）"时，在口语中一般说「全然」，而其对应的书面语表达为「まったく」。日语中常用口语与书面语的对照关系可参照表2-1。

表2-1 日语中常用口语、书面语对照表

分类	口语	书面语	意思
副词	全然	まったく	完全，一点儿（也没有）
	全部	すべて	全部，所有
	だんだん	次第に／徐々に	渐渐地
	どんどん	ますます／急速に	顺利地，连续不断地
	たぶん	おそらく	大概，恐怕
	だいたい	約／およそ	大概，大约
	一番	最も	最
	絶対に	必ず	绝对，一定
	今	現在	现在，当前
	ちょっと	少し／少々	稍微，一些，有点儿
	ちっとも	少しも	毫（不），一点儿（也不）
	やっと	ようやく	好（不）容易，终于
	いつも	常に	无论何时，经常，总是

续表

分类	口语	书面语	意思
副词	ほんとに	本当に	真正的
	やっぱり	やはり	果然，仍然，同样
	ばっかり	ばかり	只，仅，净
	あんまり	あまり	太，过于，不怎么
	いっぱい／たくさん	多くの～／～が多い	许多，大量
	もう	すでに	已经，已然
	とても／とっても／すごく	非常に／大変／極めて	非常，很
	ちゃんと	きちんと／適切に／正しく	好好地，认真地
	もっと	さらに／より	更，更加，进一步
	ずっと（程度）	はるかに（程度）	远比，远远更……
	いろんな	いろいろな／様々な	各种各样的，多样的
副助词	なんて／なんか	など	什么的，之类，等等
	とか	や	和，之类
接续词	でも／けど／けれど（も）	だが／しかし	但是，不过；虽如此
	だって	なぜなら	可是，但是；因为
	ですから／だから	従って／そのため	因此，所以
	それで	そのため	因此，所以（承上启下）
	あと	また	其余，此外
	じゃ	では	那么，如果那样的话
接续助词	～けれど／けど～	～が～	……但是……
	～から～	～ため～	因为……所以……
	～たら～	～ば／～と	一……就……，提到……
疑问词	どうして／なんで	なぜ	为什么
	どっち	どちら／いずれ	谁，哪个，什么
	どんな	どのような	怎样，如何

续表

分类	口语	书面语	意思
指示词	こっち／そっち／あっち	こちら／そちら／あちら	这边／那边／那边
	こんな／そんな／あんな	このような／そのような／あのような	这样的／那样的／那样的
	こんなに／そんなに／あんなに	これほど／それほど／あれほど	这种程度／那种程度／如此
句末表达	～ちゃ・じゃ	～ては・では	不能
	～なきゃ	～なければならない	应该，必须
	～てる・でる	～ている・でいる	①表示动作正在进行；②表示动作的反复和状态；③表示动作结果的存续
	～とく	～ておく	①表示为实现某种目的事先做好准备工作；②表示让某种状态继续保持下来
	～んだ	～のだ	①用于说明，解释原因；②用于说话人表明自己的态度和决心；③用于说明自己的情况
	～でしょう	～だろう	①推量；②委婉地断定；③确认
	～ちゃう	～てしまう	①表示动作的结束；②表示后悔或遗憾的心情
	～てください	～てほしい	表示命令、指示、请求、邀请
	どうして・なんで	なぜ	为什么，为何
	どんな	どのような	怎么样，如何，什么样的
其他	ねえ	ない	没，无
	すげえ	すごい	厉害的
	いてえ	いたい	痛的
	暑くって	暑くて	热的

续表

分类	口语	书面语	意思
其他	～みたい	～のような/に/の	好像……
	～たって・だって	ても・でも	但，无论怎么
	～けりゃ・きゃ・にゃ	ければ	……的话，假如（假定形）
	～って	と	引用发言、思考或决定
	こないだ	この間（あいだ）	先前，之前
	そっか	そうですか	原来如此
	おっす	おはようございます	早上好
	あざっす	ありがとうございます	谢谢
	すいません	すみません	对不起，不好意思
	お帰んなさい	お帰りなさい	请回去吧

二、日语简历写作的基本框架

简历是书面的自我展示，优秀的简历能够帮助我们获得梦寐以求的机会。简历的具体构成会因具体要求有所不同，表2-2为常见的社团申请简历模板。

表2-2　社团申请简历模板

名前（姓名）		性別（性別）		写真 （近照）
専攻（专业）		学年（年级）		
出身（籍贯）		民族（民族）		
連絡先 （联系方式）		メールアドレス （邮箱地址）		
特長・趣味 （特长、兴趣）				
個人経歴 （个人经历）	△年〇月	[場所＋履歴／役職]		
	△年〇月			
申し込みの理由 （申请理由）	[自己PR]			
本人希望 （个人期待）	[期待している役職や採用されたら叶えたいこと]			

从上述模板来看，社团申请简历一般由基本信息、特长和兴趣、个人经历、申请理由及个人期待五大模块组成，其中申请理由和个人期待为重点内容。

（1）基本信息：包括姓名、性别、民族、专业等。
（2）特长和兴趣：重点选取2—4个与所申请社团相关的兴趣、特长来写即可。
（3）个人经历：包括时间、地点、经历等。
（4）申请理由：从知识、能力、人脉、经验等方面突出个人特长或优点、优势及其与相应社团的匹配性。
（5）个人期待：想要做什么、打算实现什么、未来的计划安排等。

三、日语简历写作的常用句型

1. 个人经历：包括时间、地点、经历等

个人经历撰写要注意语言的简洁性，一般使用名词性词汇直接叙述即可。该部分常用词汇有「入学」「留学」「卒業」「実習」等，可参考表2-3。

表2-3　个人经历叙述常用词汇

日文	中文
学歴（がくれき）	学习经历
入学（にゅうがく）	入学
留学（りゅうがく）	留学
卒業（そつぎょう）	毕业
中退（ちゅうたい）	中途辍学
職歴（しょくれき）	就职经历
入社（にゅうしゃ）	入职

续表

日文	中文
退社（たいしゃ）	辞职
転勤（てんきん）	岗位调动
転職（てんしょく）	转职
株式会社（かぶしきかいしゃ）	股份制公司
業務（ぎょうむ）	业务
運転免許（うんてんめんきょ）	驾照
実習（じっしゅう）	实习

2. 申请理由：从知识、能力、人脉、经验等方面突出个人特长或优点、优势及其与相应社团的匹配性

（1） ～と思う／思われる／考えられる／思っている。（我认为……）

◇ ですので、それについての知識を活かせると考えられます。（因此，我认为我能够灵活运用这方面的知识。）

解说

在表达观点或想法时，「～と思う」是最为常用的句式，而「～と思われる／と考えられる」相比之下则更为客观，有利于增强文章的说服力。

（2） ～（こと）である／～べきである／～ない。（……是／不是……）

◇ 反省会は少なくとも月一回行うべきです。（反思会议至少要每个月进行一次。）

（3） ～かもしれない／だろう／であろう／ではないか／ではないだろうか（と思う）。（我认为……）

◇ そのままやれば進行できるではないかと思っています。（我认为那样做的话，事情就能顺利推进了。）

解说

比起「～（こと）である」「～べきである」「～ない」这类表示判断的句型，日本人往往不会把话说得太绝对，更倾向于使用诸如「～かもしれない／だろう／であろう（と思う）」这类表示推测的句型。当然也可以使用「～ではないか（と思う）」「～ではないだろうか（と思う）」等句型进行设问形式的推测，从而使整体语气更加委婉和客气。

（4）～において～成果を上げる。（在……方面取得……成果。）
◇ 翻訳において著作翻訳・出版などの成果を上げました。（在翻译方面取得了不少成果，如著作翻译、出版等。）

（5）～したことがあります。（有过……经历／经验。）
◇ クラス委員長を担当したことがあります。（有过担任班长的经历。）

解说

注意「～したことがありました」是不自然的日语表达，要避免使用。

（6）～資格を取得する／～賞を獲得する。（获得……资格证书／荣誉奖项。）
◇ 自動車免許資格を取得しました。（考取了驾照。）

要进行有效的自我介绍，首先需要了解自己和发现自己的闪光点。如提及自己的优点时，可用「行動力がある」「ストレス耐性」等表达；表述与他

人的相处之道，可用「親しみ」「調整力」等，具体可参考表2-4。

表2-4　个人能力相关词汇

分类	日文	意思
关于自身的能力	決められたことをやり抜く力・達成意欲	做事坚持到底，有始有终
	忍耐力	忍耐力
	継続力	持续力
	粘り強さ・タフさ・しぶとさ（精神力）	韧性
	実行力・行動力	执行力，行动力
	集中力	集中力
	ストレス耐性	抗压能力
	主体性（自分で考え行動できる力）	主体性，自主思考能力
	挑戦心・チャレンジ精神	挑战精神
	改善・成長意欲・前向き志向	自省，上进心
	学ぶ姿勢	乐于学习、积极学习（的态度、心态）
	度胸・本番が強い	胆量，实战能力强
	感情をコントロールする力	情绪控制力
	使命感・責任感	使命感，责任感
	目標指向性	自我认知定位明确
	パッション・情熱	热情
	探究心・好奇心・求知欲	好奇心，求知欲
	変化対応力・柔軟性	应变能力，灵活性
关于他人的能力	面白い・ユーモアのある・ムードメーカー	幽默，有趣
	親しみ・優しさ	亲切，温柔
	気配り・ホスピタリティ	关怀，好客
	チャームポイント（可愛がられる要素）	魅力，受人喜爱

续表

分类	日文	意思
关于他人的能力	素直さ	坦率
	誠実さ	诚实
	真面目さ	认真，正经
	約束を守る	遵守约定，守信用
	協調性・チームワーク力	协调性，团队协作力
	指導・育成力・リーダーシップ	领导力，培养力
	働きかける力・巻き込み力	号召力
	わかりやすく伝える力	（简明易懂的）表达能力
	傾聴力	善于倾听
	プレゼンテーション力	演讲能力，展示能力
	理解力	理解能力
	調整力・交渉力	协商能力，谈判能力
关于处理问题的能力	正しい価値観	正确的价值观
	論理的思考力	逻辑思考能力
	物事の本質を突き止める力	善于抓住本质
	課題発見力	细心
	企画力・計画力	计划能力
	想像力・創造力	想象力，创造力
	提案力	提议能力
	分析力	分析能力
	広い視点で捉える力	宏观思考力
	スピード	速度
	PCスキル	电脑技能
	計算能力	计算能力
	文章作成力	文书写作能力

3. 个人期望：想要做什么、打算实现什么、未来的计划安排等

（1）～たいです／と思います。（我想要做……）

✧ これからも日本語翻訳に力を入れたいと思っています。（今后我想继续致力于日语翻译工作。）

（2）～う／ようと思います。（我准备做……）

✧ ちょうど今からスーパーに行こうと思ったところなんだ。（我正想去一趟超市。）

> **解说**
>
> 「～たいです／と思います」常用来表示个人的计划或打算、想做什么事情。而相比之下，「～う／ようと思います」则更侧重已经有所计划且马上就要实施。

（3）～してほしいです／～してもらいたいです。（希望你……）

✧ もしよろしければ、指導してもらいたいです。（希望您能给予我指导。）

> **解说**
>
> 「～してほしいです／～してもらいたいです」则用来表示希望对方为己方做事情。

（4）～に準じます／～に従って、～。（以……规定等为标准／遵从某人或规定。）

✧ 貴社の規定に従います。（谨遵贵公司相关条例规定。）

> **解说**
>
> 为凸显申请者的诚意、加深良好的印象，一般会在"个人期望"部分的最后使用该句型。

写作范文

江南大学翻訳サークル入部申込書

名前	作小文	性別	女	
専攻	日本語	学年	二年生	
出身	中国北京	民族	漢族	
連絡先	12345678912	メールアドレス	zxw@gmail.com	
特長・趣味	スポーツ・読書・旅行・翻訳			
個人経歴	2024年9月	江南大学　入学		
	2024年10月	クラス委員長　就任		
申し込みの理由	ずっと前から言葉の勉強が大好きで、大学に入ってから同じ趣味の友達を作りたいと思っています。それと同時に、自分の翻訳の能力も鍛えたいし、色々なイベントを通じてより多くの人にも外国語の魅力を伝えたいです。 　また、自分自身でもある程度翻訳能力があると思います。日本語のスピーチコンテストで一等賞を獲得しただけでなく、☆先生の翻訳プロジェクトやドン族の歌謡翻訳プロジェクトにも参加したことがあります。 　その他、貧困扶助の政策に応えるため、夏休みの社会実践では地方で外国語の特別支援教育を行って、高評価を得ました。 　以上を踏まえ、翻訳サークルへの入部を希望します。			
本人希望	入社許可をいただいたら、サークルのイベント企画部門の一員になりたいです。私は自分なりの視点があって、いつもポジティブで活発なので、皆さんとは早く仲良くなれると思います。その上で、イベントの組織や準備も上手くやれると思います。			

范文点评

● 知识点 1：重点内容须突出

"申请理由"一栏，重点内容不够突出。像社团简历这类申请书，与其叙述"在哪就读"等双方已知事实，倒不如突出个人实践经历，如参加过的翻译项目、支教等。同时，将其放在段落中间很容易被忽略，因此可以使用括号进行标记或在"个人经历"一栏增加记录，突出亮点，让审阅者快速抓住重点，直观感受申请者具备的优良资质，进而加深良好的印象，提升成功概率。例如：

個人経歴	2024 年〇月	外国語学院中日翻訳プロジェクト　助手
	2024 年〇月	□□地域教育支援計画　助手

● 知识点 2：日语可能态与授受动词的敬语形式

在日语简历写作中，无需特意使用特殊敬语，一般统一使用敬体即可。写作范文"个人期待"一栏的授受动词「入社許可をいただいたら」改成「入社許可をもらえたら」更好，且可能态的使用也会让人感觉更加客气。

关于日语动词可能态变形规则见表 2-5。

表 2-5　日语动词可能态变形规则

动词类型	可能态变形规则	示例
一类动词（五段动词）	词尾「う」段假名变对应「え」段假名加「る」	書く⇒書ける
二类动词（一段动词及以「じる」结尾的动词）	词尾「る」变「られる」	食べる⇒食べられる

续表

动词类型		可能态变形规则	示例
三类动词	サ变动词	词尾「する」变「できる」	勉強する⇒勉強できる
	カ变动词	固定特殊变形	来る⇒来られる

关于日语授受动词的敬语形式见表2-6。

表2-6　日语授受动词的敬语形式

授受动词（对等关系）	敬语形式 （下对上的谦逊表达）	其他形式 （上对下或动植物）
あげる	差し上げる（さしあげる）	やる
もらう	頂く（いただく）	—
くれる	下さる（くださる）	—

日语授受动词「あげる」「もらう」「くれる」表示的关系见图2-1。

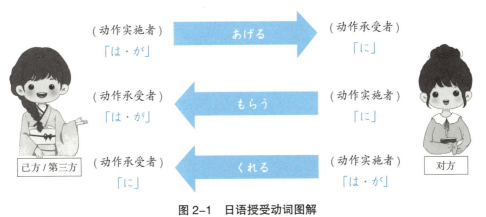

图2-1　日语授受动词图解

● 知识点3：语气问题

在日语简历写作中，一般不会把话说得太绝对，申请者即便取得非凡的成就，也要保持谦逊，绝不能夸大事实。

因此，在表达自己能为团体带来的利益、创造的价值，又或者是畅谈未

来的安排或打算时，比起直接使用肯定句或否定句，更常使用表示推测的句型，如「～う／ようと思います」「～かもしれません」等。

- ◇ サークルのイベントを推進しようと思っています。（考虑推进社团活动。）
- ◇ 中国の魅力が相手に伝えられるかもしれません。（说不定能向对方展示中国的魅力。）

课堂练习

1. 根据提示用日语完成句子

（1）我认为我具备良好的沟通能力。（コミュニケーション能力／と思う）
（2）有参加演讲比赛并获奖的经历。（スピーチコンテスト）
（3）我打算在未来一年内积极推进沙龙活动的开展。（サロン／取り組む）
（4）希望您能够赞助我们的活动。（イベントのスポンサー）
（5）以社会主义核心价值观为标准。（社会主義の核心的価値観）

2. 阅读理解（结合短文内容回答问题）

キャプテンを経験して得たもの

　　私は中学でもテニスをしていました。だから高校でも迷うことなくテニス部に入りました。そのテニス部で3年時にキャプテンに選ばれました。キャプテンに選ばれたのは誇らしい気持ちもありましたが、同時に複雑な気持ちもありました。なぜなら私は2年の時の故障が原因でスランプに陥りずっと試合で勝てない状態が続いていたからです。

　　なぜ私がキャプテンなんだろう…。きっと他の強いキャプテンでしたら力強いパワーで他の部員を引っ張ることも、試合に向けて士気を高めることもできたんだと思います。でも、私はキャプテンとは名ばかりで全く試合に勝てず、とうとう高校3年の最後の大会は補欠で試合に出ることもできませんでした。

　　何度も「キャプテンを辞めさせてもらおうか」と考えました。一時はテニス部自体も退部することも考えました。でも、そこで私は思いました。たとえ私が試合に出れなくても、他の頑張っている部員が活躍できるよう

に手助けしたい。私ではなく○○高校テニス部が勝てるようにサポートしたい。それから私は部活に対する姿勢を変えました。今までなんとなくこなしていたアップ時の体操も丁寧にやるようになり、掛け声もどの部員よりも大きな声を出すようにしました。疲れている部員がいれば、背中を叩き励ましの声掛けをしました。その成果がどうかわかりませんが最後の大会で○○高校は団体戦で2位になることができました。その時、団体メンバーの一人がいった「○○がいたから頑張れた。○○のお陰で勝てた。ありがとう」という言葉は今でも忘れることができません。

　私はこの経験でリーダーシップの1つの形を学ぶことができました。綺麗事のようですが、私が一生懸命になれば周りも一生懸命になります。そして、例え私が結果を出せなくても、団体で結果を出せば、それは私の勝利でもあります。シングルで私一人で試合に勝った時よりも、試合には出れなかったけどみんなで得た勝利の方が私は何倍も嬉しかったです。

　これから私は大学生になります。きっと今まで以上にグループで作業をすること、グループで何かの結果を出すことが求められるようになるでしょう。そんな時、この3年間で学んだことを活かして頑張っていこうと思います。

（1）なぜ「私」はキャプテンに選ばれた時に、誇らしい気持ちも複雑な気持ちもありましたか。

（2）高校テニス部時代、疲れている部員がいれば、キャプテンとして「私」は何をしますか。

（3）「私」はキャプテンを経験して得たものをこれからどこで使うつもりですか。

3. 写作练习（结合题目要求和本课所学完成写作）

假如你是作小文的同学，学校学生会招新开始了，你想要申请入会，但需要提交一份日语简历。请参考本课所学知识点，完善以下简历。（申请理由与个人希望均不少于250字）

名前		性別		（写真）
専攻		学年		
出身		民族		
連絡先		メールアドレス		

特長・趣味		

個人経歴	年　月	
	年　月	
	年　月	

申し込みの理由

本人希望

第三课

校园活动：海报文案写作

场景介绍

　　优秀的简历让作小文同学敲开了学校翻译社团的大门，现在她每天往返于课堂与社团之间，忙得不亦乐乎。2025年是中日邦交正常化53周年，学校委托日语系和翻译社团筹备了一些庆祝活动。作小文所在的小组设计了中日传统服饰展活动，作小文自己则主要负责服饰展活动的海报制作。

　　海报是一种宣传方式，通常结合图片等视觉元素，让人对产品或活动产生兴趣。海报的内容包括活动主题、活动宣传口号、活动内容、活动时间、活动地点、主办方、联系方式、注意事项等。海报注重通过精心的版面设计吸引读者，以此扩大所宣传内容的影响力。

　　日语海报有什么独特之处？在制作过程中应当注意什么？如何通过文字增加海报的吸引力？本课将借助具体活动案例和宣传口号向大家介绍日语海报文案的基本构成框架、常用句型、相关写作技巧等。

先生、今度、学校が中日伝統衣装祭りを開催するということで、サークルが私に日本語のポスター作成を頼んできましたが、どうやって作るかよく分からないのです。アドバイスをいただけませんか？

そうですね。まず、イベントの内容をよく把握し、イベントのタイトルやキーワードなどを日本語で表現する必要があると思います。

はい、分かりました。では、ポスターにはどのような内容を含めるべきでしょうか。

普通、ポスターには、イベントの日時、場所、テーマなどの基本情報を含めるべきなんです。そして、もし中日両国の文化的な特徴を取り入れれば、ポスターがより魅力的になりますよ。

あっ、なるほど！お話を聞いてひらめきました。早速試してみたいと思います！ご指導ありがとうございました！

いえいえ。頑張ってください！分からないことがあれば、またいつでも私に聞いてくださいね。

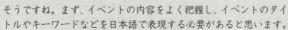

（场景会话）

一、日语海报文案写作的文体、语体形式和基本框架

海报和广告一样，具有向人们介绍某一物体、事件的特征，因而忌大量的文字堆砌，宜简洁且突出重点内容；形式要做到新颖和美观，通过精心的版面设计在第一时间吸引人们的目光。这要求设计者将图片、文字等要素进行有效结合，以恰当的形式向人们展示宣传的信息。

日语海报在文体上一般使用敬体，即以「です」或「ます」结句的文体，且由于面向公众，因此语体上则多采用书面语。

海报的文案可以根据设计的目的、受众和场合进行灵活调整，通常包含以下信息。

（1）活动主题：通常直接作为活动标题使用，有时可能还会有副标题。
（2）标语或口号：以简短的语言与准确的表达推广活动内容，视具体情况而定，也可以省略。
（3）主旨概要：举办活动的目的。
（4）人物简介：介绍主持人或主讲人等基本信息，多用简体书写，视具体情况而定，也可以省略。
（5）活动信息：活动时间、地点、交通、费用、参加人员等。
（6）主办方：活动的主要组织者，有时可能还有协办方。
（7）联系方式：联络负责人电话号码及邮箱等。
（8）注意事项：活动注意事项或备注提醒。

二、日语海报文案写作的常用句型

1. 活动主题

活动主题（「イベントタイトル」）常用粗体或较大的字体突出显示，一般还会加入地点、季节、活动类型、年份信息，以快速传达活动的主题和性质。常见的活动主题示例如下：

- ✧ 春のフェスティバル 2024
- ✧ 紅葉狩りツアー 2024
- ✧ 子供たちのためのジャズ演奏会
- ✧ 第 21 回　浦安市民文化祭

2. 标语或口号

标语或口号（「キャッチコピー／スローガン」）通常相对口语化，且简洁明了。在设计活动海报时，适当增添标语或口号，并使用粗体或较大的字体显示（但不要比标题醒目），可以使主题更加明晰，使活动更具号召力和感染力。

要想创作出一句出色的标语或口号，可以从思路、形式、韵律、用语这些关键要素入手，让创意融入现实，以给人耳目一新的感觉。（表 3-1）。

表 3-1　标语或口号创作的关键要素、技巧及案例

关键要素	技巧	案例
思路	关注情绪和氛围上的渲染或标出活动的最大亮点（メインキャッチ）	✧ 体験して、感じて、学ぶ。 ✧ 夢を叶えるチャンス！ ✧ 豪華出演者が勢揃い！ ✧ 限定販売商品あり！ ✧ 今すぐ参加しよう！
形式	四字熟语 川柳（575 格式小诗） 藏头诗	✧ 空へ飛べ　君もできるよ　成田では
韵律	押韵 反复	✧ 運動しよう　成長しよう ✧ より速く　より高く　より強く

第三课　校园活动：海报文案写作

续表

关键要素	技巧	案例
用语	命令形 疑问句 反语 假名、汉字、罗马字母之间转换	◇ 忘れるな！安全第一　家族の笑顔 ◇ 社会のルール　現場ルール　守れてやっと一人前

表3-2汇集了部分日本知名品牌的宣传标语，同学们可以参考学习，细细品味其中的趣味。

表3-2　部分日本知名品牌宣传标语汇总

名称	标语口号
マクドナルド	I'm lovin' it
ケンタッキー・フライドチキン	おいしいを、ずっと。あたらしいを、もっと
小林製薬	あったらいいなをカタチにする
資生堂	一瞬も一生も美しく
東急グループ	美しい時代へ
花王	自然と調和する　こころ豊かな毎日をめざして
カルピス	カラダにピース。
ライオン	今日を愛するLION
三越伊勢丹	向き合って、その先へ
キリン	おいしさを笑顔に
トヨタ自動車	Drive your dreams
三菱電機	Changes for the better
Canon	Make it possible with Canon
東芝	Inspire the next
日立製作所	The power of dreams
ファミリーマート	あなたと、コンビに
ローソン	マチの"ほっ"とステーション
セブンイレブン	セブンイレブン、いい気分

续表

名称	标语口号
河合塾	昨日の自分に差をつける
富士通	来て、見て、触って、富士通のお店
ポケットモンスター金銀（任天堂）	はじめてなのになつかしい、そんな旅に出会えるの
ハンディカム（ソニー）	今日は、明日の思い出です
サントリー	水と生きる
日本郵政公社	真っ向サービス
日本食研	味の作曲家
ドトールコーヒー	ドトールが変わる。街も変わる
アサヒビール	すべては、お客様の「うまい！」のために
文明堂	カステラ一番、電話は二番、三時のおやつは文明堂
味の素	あしたのもと　AJINOMOTO おいしさ、そして、いのちへ
シャープ	目のつけどころがシャープでしょ
ニトリ	お、ねだん以上。ニトリ
タワーレコード	NO MUSIC NO LIFE
東宝	キスシーンになるたびに、何かと話かけてくるお父さんがかわいらしい
富士フィルム	お正月を写そう
NTTドコモ	二兎を追うものだけが二兎を得る。 いつか、あたりまえになることを。
スシロー	うまいすしを、腹一杯。うまいすしで、心も一杯
タイガー	食卓に、温もりの魔法を
JR東日本	未来のキップを、すべてのひとに
日清食品	おいしい、の、その先へ

3. 主旨概要

（1）～を兼ねて～。（一边……一边……）

◇ 日本語聴解練習を兼ねて、日本のドラマやアニメを見ています。（一

边看日本的电视剧和动漫，一边练习日语听力。）

解说

日语原文的后半部分是主要动作，前半部分是额外收益。还含有某人或某物同时担任两个角色或完成两项任务的意思。

（2）～には～。（为了……）
- 8時のバスに間に合うには、7時に家をでなければならなりません。（要赶得上8点的公交车，就必须7点出门。）
- 王先生の家に行くには、このバスに乗るのが一番いいです。（去王老师的家，最好乘坐这趟公交车。）

解说

接在动词连体形后面，后项表示为了达到前项的目的所需要做出的行为或者必须做的事情。「には」用于规范性、习惯性的事项，常以「～なければならない」「～が一番いいです」「～たらいいです」结句。

（3）～のに～。（为了……）
- この本は日本語を勉強するのに役立ちます。（这本书对日语学习有帮助。）

解说

接在动词连体形后面，「の」是对前项动词的名词化，「に」表示目的。后面多使用「使う」「用いる」「役立つ」等表示用途的动词和「必要だ」「便利だ」等形容动词。
如果前接带有动词意义的名词，可以直接加「に」。例如：
- 旅行に時間やお金が必要です。（旅行需要花费时间和金钱。）

(4) ～ために～。（为了……）

◆ 生きていくためには、空気だけでなく、水もなくてはならないと思います。（我认为为了生存下去，不仅仅是空气，水也是不可或缺的。）

◆ 健康のために、適当な運動が大切だと思います。（我认为为了健康，适当的运动是很重要的。）

解说

接在动词原形和「名詞＋の」的后面，表示目的，前后主语一致。强调后项是实现前项的必要条件，体现说话人的判断或主张。

而例句中的「生きる」虽然为自动词，但意为"维生"，具有人的意志，因此可以使用「ために」，属于特殊用法。

此外，「ために」表示原因时，常前接自动词、否定形、「た」形或可能态。

(5) ～ように～。（为了……）

◆ いい点数が取れるように、毎日勉強しています。（为了取得好成绩，每天用功读书。）

◆ 遅刻しないように、寝る前に目覚まし時計をかけておきます。（为了不迟到，在睡前先设定好闹钟。）

解说

「ために」常前接他动词，且前项常出现助词「を」；「ように」常前接自动词、否定形或可能态，且前项常出现助词「が」或「に」。若前项为「を＋動詞」，常用「ために」；若前项为「助詞＋動詞」，则多用「ように」。

(6) ～から、～。（由于……）

◆ 寒いからドアを閉めてください。（太冷了，请关下门吧。）

（7）～ので、～。（由于……）
- その店のものは安いので大人気です。（那家店由于便宜，人气很旺。）

> **解说**
>
> 提示原因时，「から」表示个人的主观推测，「ので」表示根据事实的客观推测，「ために」则表示完全根据事实进行推论，感觉上最为客观且委婉。

4. 其他

在网络海报中有时会见到以"#"开头的短语，这是主题关键词的标签（ハッシュタグ），可理解为更加简略的活动标题。灵活运用标签便于人们在社交媒体上分享和搜索有关该活动的信息。例如：
- ＃東京マラソン2022
- ＃夏祭り 北九州
- ＃日本語学習

此外，提示活动时间和地点、主办方、联系方式、注意事项等活动信息，一般采用分点列条式（箇条書き）的写法，且可以根据具体需求改变各项的顺序等，常用表3-3中的「開催」「日時」「会場」等词语。

表3-3　活动宣传海报常用词汇

分类	日文	中文
活动类型	ワークショップ	工作坊，讲习班
	セミナー	研讨会，讲座
	フェスティバル	节日庆典
	シンポジウム	论坛

续表

分类	日文	中文
活动类型	トークショー	脱口秀
	スポーツ大会	体育比赛
其他	開催	举办
	主催（者）	主办方
	共催（者）	协办方
	日時	日期和时间
	実施日程	活动期间
	会場	场地
	応募	报名
	プロフィール	简介
	定員	人数限制
	FC会員	粉丝后援会会员
	限定公開	限定公开，内部公开
	先着順	先到先得
	初心者向け	适合初学者
	参加費	参加费
	料金	费用
	無料	免费
	特典	特别福利，优惠
	コラボ	联名
	雨天決行	雨天照常进行
	おすすめ	推荐
	交通情報	交通信息
	駐車場	停车场

续表

分类	日文	中文
其他	徒步	徒步
	持ち物	随身物品
	催し物	集会，文娱活动
	申し込み	申请
	事前振込	提前汇款
	担当者	负责人
	連絡先	联系方式
	予約受付中	接受预订
	屋台	商店摊位
	ステージ	舞台
	オープニング	开场

写作范文

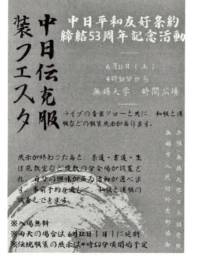

＜ポスターの内容＞

（1）タイトル：「中日平和友好条約締結52周年記念活動—中日伝統服装フェスティバル」

（2）概要：ライブの音楽ショーと共に、和服と漢服などの服装展示があります。そして、展示が終わったあと、茶道・書道・生け花教室など複数の分会場が設置され、自分の興味がある活動が選べます。その上、事前予約を通して、和服と漢服の試着も体験できます。

（3）主催者：無錫大学日本語学院及び無錫市人民対外友好協会共催

（4）開催日時：6月11日（土）4時30分から

（5）開催場所：無錫大学　時間広場

（6）参加者：国籍不問、興味がある人誰でも大歓迎

（7）その他・注意書き：

※入場無料

※雨天の場合は6月12日に延期

※伝統服装の展示は4時50分頃開始予定

第三课 校园活动：海报文案写作

知识点 1：关键信息要突出

关于海报文案，语言可以进一步简洁，内容突出关键信息。可将海报左边、中部、下部的大段文字进一步精简，利用图片代为文字叙述。而背景图片可以代替文字来交代部分活动内容。若能在海报中加入汉服与和服的图片，人们也许能在更短的时间内获得"中日""传统服装"等关键信息，有利于信息的快速传播。此外，精选的字体与图案也是海报吸引人的小技巧之一。

知识点 2：内容延展要充分

受海报篇幅所限，在过去，活动组织方还会印刷相应的小册子（「パンフレット」）以便提供更多的相关信息。现在有时候也会在海报上附上活动的二维码（「QR コード」），以便感兴趣的人随时随地获取更多的相关信息。本课也可以在作小文同学制作的海报上加入二维码。例如：

※ 試着の予約はこちらの QR コードをスキャンしてください。（如有意愿现场试穿服装，请扫描此处二维码。）

> **解说**
>
> 「※（米印）」是日语常用的标点符号之一，表示注释、注解或提示重点，相当于"P.S."或"提醒"，常见于日语海报、通知文书中。

● **知识点 3：时间表达要清晰**

　　作小文同学将活动开始时间定为 4:30，虽然通常该时间点不易让人产生误会，但如果是 8:00 则很有可能产生误会。因此，在使用 12 小时计时法表示时间时，一定要注明是上午还是下午。当然，最方便的方法还是直接使用 24 小时计时法，这样在节省版面的同时也不会产生歧义。

第三课　校园活动：海报文案写作

1. 根据提示用日语完成句子

（1）若抽选未中，可在当天 13:00 以后现场购票入场。（落選／～以降）

（2）活动不限国籍，欢迎大家报名。（国籍不問）

（3）可扫描二维码提前预约活动。（QR コード／事前予約）

（4）本次活动旨在促进中日两国的友好交流。（中日交流／～を目指す）

（5）书山有路勤为径。（译成日本"川柳"形式）

2. 阅读理解（结合短文内容回答问题）

インターハイ優勝

　　僕は陸上部に所属しています。専門は中長距離で 1,500 m が最も得意な競技です。1,500 m はトラックの格闘技と呼ばれる競技です。自分の位置取りの押し合いが激しく、密集した状態でスピードを出すので接触から転倒することもあります。でも僕はこの競技が大好きです。

　　どんなところが好きなのかというと、ラストの 200 m です。僕はいつも最初の 1,300 m はトップではなく 2～3 着に付き、ラスト 200 m でそれまで残していたスタミナを全部使いきり前に出ます。僕がぐんぐんとスピードを上げる中、今まで僕の前にいた選手が追いつけず段々と距離が離れていく瞬間がすごく気持ちいいです。この僕のスタイルをずるいという人もいます。前半はずっと先頭の人に引っ張らせ体力を温存しているからです。実は僕もちょっと卑怯かなと落ち込んだ時がありました。でも監督から「これは作戦だ。お前をずるいというのは負けたヤツのやっかみだ」

と言われ、ふっきれました。僕は僕のスタイルを貫き通す。その結果、勝てるのならそれでいいじゃないか。僕はこの作戦をより活かせるようにラスト200mのダッシュの練習をより一層打ち込みました。

そして迎えたインターハイ決勝。僕はラストのコーナーに入ったところで前の選手を抜き前に飛び出しました。でも相手も必死でした。なかなか前に抜け切ることができませんでした。残り100m。直線に入ってラストスパート合戦になりました。僕は練習の時のことを思い出し、足を動かしました。その結果、ライバルに競り勝ち僅差で優勝することができました。

僕が勝てたのは僕だけの成果ではありません。僕が落ち込んでいた時に励ましてくれた監督、一緒に練習を頑張ってきた陸上部の仲間、競技しやすいように支えてくれたマネージャー、寮に帰った後に毎日優しく声をかけてくれた寮母さん、そして僕の活躍を祈り応援してくれた両親。みんながいたからここまでやってこれたんだと思います。

大学に行っても僕は陸上を続けるつもりです。これからも監督の言葉とみんなへの感謝の気持ちを忘れず頑張っていこうと思います。

（1）「僕」の最も得意な競技である1,500m走は何と呼ばれますか。

（2） なぜ「僕」はラストの200mが好きですか。

（3）「僕」は自分のスタイルを貫き通すのは、監督の何の言葉のおかげですか。

3. 写作练习（结合题目要求和本课所学完成写作）

假如你是学生会成员，本年度校庆活动临近，急需在学生会运营的官方公众号投放活动宣传的推文。请根据表3-4并参考本课所学知识点，写一篇面向校外人士、易读且具有感染力与号召力的活动宣传介绍。（不少于300字，可适当补充信息）

表3-4　活动宣传介绍基本信息

項目	内容
イベント	江南学園祭
開催目的	大学開校百年記念を祝う
進行形式	一般向けに各学部が出店をする
主催者	江南大学、中日友好交流協会
開催日時	2025年6月24日（土）9:00—15:00
開催場所	江南大学　★★広場
参加者	国籍不問、一般向け
参加費用	入場無料、各店の商品は有料

第四课

工厂参观：说明文写作

场景介绍

作小文同学制作的海报构思巧妙、重点突出，为学校的庆祝活动添色不少。接下来的专业实践课大家将前往酒厂体验中国的传统酿酒工艺，希望作小文同学能够就这次体验撰写一篇新闻稿发布在校园网上。

新闻是通过报纸、电台、广播、电视台等媒体途径所传播信息的一种称谓，是记录社会、传播信息、反映时代的一种文体。新闻往往实用性较强，讲求纪实性与严谨性，书写规范要求较高。

日语新闻的基本格式是什么？有哪些固定的表达或具体的要求？在实际写作中应该如何提升日语新闻的可读性，引发读者的阅读兴趣？本课除了介绍日语新闻报道的基本写作框架，还将介绍日语新闻报道写作的常用句型。

老师

あら、作さん。おはようございます。

あっ、先生、おはようございます！

この前、作さんが作ってくれたポスターのことですが、ものすごい反響があったそうですね！よく出来ましたね。お疲れ様でした。

いえいえ、先生のアドバイスのおかげです！

ところで、作さんは、これから工場見学に行くんでしょうか？今度の電子社刊に、見学のことを記事にしてもらえませんかね？もし忙しかったら、断っても大丈夫ですが。

はい、大丈夫です！むしろ試してみたいので、是非やらせてください！

うん、分かりました。じゃ、頼みましたよ。

はい！お任せ下さい！

作小文

（场景会话）

一、日语新闻报道写作的文体、语体形式和基本框架

日语新闻报道一般使用简体，即以「だ」「である」结句的文体；非正式场合也可以使用敬体，即以「です」「ます」结句的文体。语体上，则常以书面语的形式呈现。

在框架结构上，一篇日语新闻报道一般包括标题、署名、导语、正文和总结五大要素。

（1）标题：可以以名词性词语作标题，也可以以疑问句作标题，以吸引读者。

（2）署名：一般直接在标题下标注，也可以在文末处打括号标注。

（3）导语：简明扼要地介绍文章内容，开门见山地导入话题，以生动的形式引起读者的兴趣。有时该部分也可以省略。

（4）正文：与中文新闻报道类似，常用作比较、打比方、分类别、举例子、列数字、列图表等方法来进行说明。对事物进行说明时，主要从其种类、数量、形态、性质、价值等方面展开说明；对事件进行说明时，可以从"6W2H"维度来论述，即从事件发生的时间（When）、地点（Where）、发起人物（Who）、承受对象（Whom）、原因（Why）、具体内容和结果（What）以及方法（How）、费用（How much）等展开说明。

（5）总结：谈个人对报道对象的感想和感悟，一般100~200字，不宜过长。

二、日语新闻报道写作的常用句型

1. 解释说明某事物或事件

（1）名词＋とは／というのは＋表示具体定义的名词＋のこと／意味である。（……是……）

- Z世代とは1990年代半ばから2010年代に生まれた世代のことです。（"Z世代"指1995年至2009年出生的一代人。）

（2）短句＋とは／というのは＋表示具体定义的短句＋ということ／意味である。（……是……）

- 「馬には乗ってみよ人には添うてみよ」とは、何でも体験してみなければ分からないということです。（所谓"路遥知马力，日久见人心"，就是指凡事只有经历过了才能真正了解。）

解说

在表示下定义时，「とは」和「というのは」可以互换，但相比接名词，如果前接短句时，需要注意将「こと／意味である」前的「の」改为「という」。

（3）抽象名词＋というものは＋一般性见解＋ものだ／ではない。（所谓……是/不是……）

- 愛情というものは簡単に一言で言えるものではない。（"爱情"并不可简单一言以蔽之。）

解说

该句型通常用于解释抽象名词，用具有一般性的主观见解来"换言之"。相比前面的句型，侧重于说明特征而非下定义，且该句型句末的「ものだ」既可以是肯定形，也可以是否定形。

2. 客观表达与主观表达

日语中有不少句型虽然表达同一含义，但在主客观性上有所差别。例如，「〜が聞かれる」与「〜が聞こえる」两个句式都表示"能听见"。前者属于客观表达，表示不受描述者个人主观意志的影响，无一例外都能够听见；而后者则属于主观表达，受描述者受个人主观意志的影响，侧重表示描述者能听见，但其他人不一定能够听见。

新闻报道的写作往往讲究纪实与严谨，通常使用客观表达，以增强文章的说服力。因此，日语客观表达与主观表达的选择及运用尤其需要注意，具体可参考表4-1。

表 4-1　日语常见客观表达与主观表达对照表

分类	客观表达	主观表达
原因	〜ので	〜から
	〜ため（に）	〜ように
目的	〜のに	〜ために・ように
因此	それで	だから
感官动作	〜が見られる・聞かれる	〜が見える・聞こえる
否定	〜していない・していなかった	〜しない・しなかった
发展变化	〜ようになる	〜ようにする
决定	〜ことになる・ことになっている	〜ことにする・ことにしている
差点儿就……	〜ところだった	〜そうになった

3. 顺序描述

说明文注重表达顺序，这是使说明内容有条理的必要条件。常见的说明顺序有时间顺序、空间顺序、逻辑顺序。除了指示词，在表示"次序，顺序"时，还常用一系列接续词，例如「まず」「そして」「さらに」「最後に」等，具体可参考表4-2。

表4-2　表示"次序"时常用的接续词

顺序	接续词	意思
开始	はじめに・最初に	最开始，最初
	まず	首先
	第一に	第一
中间	続いて	接着，然后，而且，其次
	次に	
	それから	
	そして	
	また	
	さらに	
	それに	
	しかも	
	そのうえ	
	すると	
	第二に	第二
结尾	最後に	最后
	第三に	第三

> **解说**
>
> **（1）「それから」vs「そして」vs「すると」**
>
> A.「それから」表示两个事件明确的时间先后关系，也可以表示在前项的基础上进一步补充并列的内容。
>
> B.「そして」连接两个动作时，表示时间的先后；连接两种状态（包括人或事物的样态、性质或特征等）时，表示并列或递进。
>
> C.「すると」表示行为主体完成一个动作后出现意外情况。前一事情为后一情况的起因，后一情况多为意外的、不曾想到的，含有轻微

的惊讶感。

　　「そして」和「すると」都能表示时间先后，但「すると」连接的前后主语不一致，而「そして」前后主语一致。
　　「それから」可用于转移话题，而「そして」只能用于对同一话题的叙述；「そして」可以表示前后因果关系，而「それから」不能；「そして」「それから」可以用于表示主观意志的句子和命令句之中，而「それに」「そのうえ」「しかも」不能。
　　「それから」原则上不能连接两个并列的形容词，这时需要使用「そして」或「しかも」。如果使用「そして」，则形容词的中顿形应使用「～く」，而不应使用「～くて」。
　　「それから」连接两个动作时，可以替换为「そして」，但「それから」强调的是时间上的顺序，而「そして」追加补充的语感较强；「それから」还可以用于表示"说话人刚说完前项，临时想起要补充后项"。这时，「そして」也不能替换。

（2）「それに」vs「そのうえ」vs「しかも」

A.「それに」「そのうえ」「しかも」均表示累加和递进，且被广泛应用于日常口语中，但口语化的程度依次减弱。
B.「それに」既可以连接单词，又可以连接句节、句子等，而「そのうえ」「しかも」不能连接单词。
C.「しかも」在语义上更强调后项的重要性。因此，对前项事物进一步表示强调，在补充一些情况时，要使用「しかも」，而不能使用「それに」「そのうえ」。
D.当后项和前项是逆接关系时，只能用「しかも」，不能用「それに」「そのうえ」。

4. 数据来源说明

（1）～によると、～らしい／そうである。（根据……得知……）

◇ 天気予報によると、明日は雨が降るらしい。（根据天气预报，明天似乎会下雨。）

（2）～から見れば／を見ると、～ことが分かる。（根据……得知……）

◇ 今までの業績を見ると、明らかに彼女の方がこの仕事に相応しいことがわかりました。（从目前的业绩来看，明显她更适合这份工作。）

> **解说**
> 「～によると、～らしい／そうである」侧重从客观来源听闻或得知某事，而「～から見れば／を見ると、～ことが分かる」则强调说话者根据前项直接推测或判断得到后项结果。

5. 数据比较

（1）～より～。（……比……）

◇ コーラよりお茶の方が体に良いです。（茶比可乐更健康。）

（2）～（それ）に対して／に比べると／（その）一方、～。（相比……）

◇ 兄は活発なのに対して、弟は大人しい性格です。（哥哥生性活泼，弟弟却很老实。）

> **解说**
> 句型「～より～」及「～（それ）に対して／（それ）に比べると／（その）一方、～」均强调后项内容。

写作范文

工場見学：中国の白酒

作小文

　皆さんは、「白酒」と言えば何を思い浮かべるだろうか？
　白酒（パイチュウ・バイチュウ）とは、高粱や小麦、豆類やとうもろこしなどの穀物から作った中国産の蒸留酒のことである。中国での宴席で何度も行う乾杯にも、基本的に白酒を使うから、きっと皆さんもよく見かけることがあるだろう。この間、皆で一緒に白酒の工場へ見学に行った時、ちょうどその頃、白酒の蒸留作業をしているので、作業員さんから解説していただいた。
　作業員さんの話によると、白酒の蒸留作業には、まず、数週間にわたって仕込んで発酵してきた材料を発酵窖（老窖）から掘り出し、蒸気を通しやすくする籾殻や落花生の殻を混ぜて蒸留する。これと同時に、材料の高粱も同じ甑で蒸される。そして、蒸留し終えた原料に再び麹を混ぜ、仕込みを数回繰り返す。それができ次第、蒸留によって集められた液体を瓶に入れて長期間熟成させると、特色のある中国の白酒が出来上がる。こうして造られた白酒はアルコール度数が50％以上あって強いだけでなく、無色透明で香り高く、長期

熟成のため口当たりもまろやかなのが特徴的である。

　筆者の調べた限りでは、中国の白酒はずいぶん昔から伝承してきたものだそうである。また白酒の魅力と言えば、何といってもその香りや味の多彩さであろう。産地によって原料や麹、製法が違い、どれも香りや味が異なるため、自分の好みの味を見つけやすいことも人気の理由だそうである。

　別れる前に、私たちも出来上がった白酒を味わってみたが、日本酒とは似たところもあって、中国と日本の文化の類似点と相違点は、この中にも見られるのではないかと思う。

范文点评

● 知识点 1：文章标题特色化

简洁的标题能让关键信息一目了然，尤其是新闻报道，一行以内并且具有冲击性的标题更能吸引人。如写作范文标题为「工場見学：中国の白酒」，较为千篇一律、稍显平淡，可改成：
◇ 「不思議な中国名物：白酒」【结合说明主体"中国白酒"的地位与特征】
◇ 「『金樽清酒斗十千』——中国白酒の秘密」【结合中国传统古诗词】

既突出重点又饶有趣味，从而激发读者的阅读兴趣，提高文章的感染力。但所有文章都讲究"点题"，因此在修改标题后，还需要酌情重构框架，确保与主题呼应。

● 知识点 2：适当提问引注意

在文章最初插入疑问句，可以拉近与读者之间的距离，引起读者思考，激发读者的阅读兴趣，增强文章的可读性，但需要注意在后文对该问题进行回答。开头提问例如：
(1) 〜のことを知っているか？(了解……吗？)
◇ 人工知能のことを知っているか？(大家了解人工智能吗？)
(2) 〜と言えば、何を思い浮かべるか？(说到……能够联想到什么呢？)
◇ 環境友好と言えば、何を思い浮かべるか？(提到环保，大家会想到什么呢？)

而在文章最后插入疑问句属于一种留白手法，以反问形式留下悬念与想象的空间，引发读者深入思考或与读者产生共鸣。结尾提问例如：
◇ このままではどうなるだろうか？(长此以往，会变得怎样呢？)

◇ これもこれでいいことではないか？（这不也算是一件好事吗？）

● 知识点3：文体一致和图表等的运用

　　在新闻报道写作中应保持文体的一致，上面的写作范文全文使用了简体，因此将写作范文第二段最后的「解説していただいた」改成「解説してもらった」更加自然。

　　另外，在实际发布推文时，还可以适当增添图表或音频、视频，甚至互动程序等，让新闻报道更加直观和清晰，不局限于文字表述，以此加深读者印象，使文章深入人心。

课堂练习

1. 根据提示用日语完成句子

（1）汉字是起源于中国的、世界上最古老的文字之一。（～とは～である／中国発祥）

（2）据统计，"诗仙"李白一生创作了一千首以上的古诗词。（～によると～らしい）

（3）放眼世界，中国的非物质文化遗产数量最多，位居世界第一。（～より／無形文化財）

（4）京剧历史悠久，是中国传统戏曲剧种之一。（～と言われている／伝統戯曲）

（5）汉服是中国五大国粹之一，如今又变得流行起来了。（～ようになる／国粋）

2. 阅读理解（结合短文内容回答问题）

伝えたい中国の伝統文化

　　世界に一番伝えたい中国の伝統文化というと、まず頭に浮かべるのは太極拳のことだ。大学のPE授業で本当の意味で太極拳と出会った。

　　最初、太極拳を選ぶ時、ただほかの体育科目より楽だと思われたので、選択した。今思い出して、実に恥ずかしかった。しかし、太極拳を学んでから、大いに受益した。だから、ぜひお勧めしたいと思う。

　　初めて太極拳を練習した時、「なんやそれ、全然楽ではないのに」と痛感した。「両手を広げながら片足を上げる動作」は私にとって、かなり困難な動作である。この動作をすることにより、ももはだるくて痛いと感じた。

一生懸命腰を曲がって、手が地に触れる動作も苦しかった。普段の生活ではあまり伸びることのない個所も、太極拳によりストレッチすることになるのだ。

このように、身体の筋肉が伸び、体全体の柔軟性が向上にする。翌日、全体がいつも凝ったような気なしたが、慣れると大丈夫だ。そして、だんだん自分の筋肉の柔軟性が増やし、体のバランスもよくなったことが気づけた。「太極拳を真剣に取り組みされすれば体が強くなるよ」という先生の話を実感した。

健康維持はもちろん、太極拳は精神的な修養にも非常に役に立つといわれる。単なる体操というだけではなく、儒学、道教、そして仏教などの哲学理論が含まれている。気持ちを落ち着かせて、呼吸と身体の中心を意識して動くことで、精神的な歪みまでも取り除いてしまうそうだ。

太極拳は「お年寄りの拳法」だけではなく、全世界に広める価値がある宝物だと私は思う。太極拳が世界の舞台で異彩を放つ日が待ち遠しい。

（1）最初、「私」はなぜ太極拳を選びましたか。

（2）先生の話によると、太極拳のメリットは何ですか。

（3）「私」は太極拳を何だと思っていますか。

3. 写作练习（结合题目要求和本课所学完成写作）

假如你是科普类公众号运营者，请参考本课所学知识点并结合自身的社会实践经历，选定一项中华优秀传统文化，尝试围绕该主题完成一篇新闻报道。（不少于400字）

第四课　工厂参观：说明文写作

② 生活篇

第五课

日常生活：日记写作

场景介绍

从酒厂回到学校后,作小文感染了流感病毒。为了不传染给其他同学,她向学校请了一周的病假。在这一周中,她养成了用日语写日记的习惯。独处的时光如白驹过隙,七天的自我隔离即将结束,她打开桌上的记事本写下了最后一天的隔离日记。

日记是个人用于记录自己一天中的工作、学习、见闻等。它主要包含写日记的日期、当天发生的事件、个人感受、反思或计划等,旨在捕捉并记录个人生活的点滴,将其作为回忆或自我成长的见证。日记的写作以第一人称叙述为主,注重即时性和真实性,语言风格较随意,可以有一些口语化的内容,不受严格的格式限制。

用日语写日记应该记录哪些内容呢?日语日记的格式有哪些特点呢?如何在日记中用日语记录真实的情感呢?本课将从日记的文体、基本框架、常用词汇、句型等方面一一进行讲解。

老师

作さん、おかえりなさい!無事に隔離期間が終わったようですね。大丈夫ですか?

はい、先生。お心遣いありがとうございます。おかげさまで、隔離期間中は退屈でしたが、幸い、体は問題ありませんでした。

よかったですね。今後、十分注意してください。ちなみに、宿題を見ましたが、この頃日本語の作文がとても上手になりましたね。ずいぶん練習したんですか。

はい。ありがとうございます!実は、自粛していた時、日記を書くことにしました。たぶん日本語の練習も兼ねて、毎日書いているうちに、作文のスキルも上達してきたのかもしれませんね。

なるほど。外国語で日記を書くことは確かに、効果的な学習方法の一つです。その習慣をぜひ続けてくださいね。これから作さんの日本語のスキルがますます向上することを楽しみにしています。

はい!引き続き頑張ります!

作小文

(场景会话)

写作技巧

一、日语日记写作的文体、语体形式和基本框架

写日记是对自己的一天进行回顾，每天坚持用日语写日记会提升自身的日语语言运用能力和写作能力。与其他文章写作不同，日记写作中不存在"对象本位意识"（「相手意識」），更多的是与写作者自身对话、写作者的自我反省与反思。因此，日语日记在文体选择上根据写作者的习惯，既可以使用以「だ」或「である」结句的简体，也可以使用以「です」或「ます」结句的敬体。而语体上则偏向使用口语（「話し言葉」）。

在构成上，由于日记的主要功能是记录个人情感和体验，因此无论是用中文写还是用日语写，日记均无固定的结构和形式。典型的日记结构包括但不限于以下要素。

（1）信息记录：年份、日期、星期、时刻和天气。
（2）当日活动记录：时间、地点及活动内容。
（3）感想、感受：对事件的感想、感受等。
（4）总结：对当天进行概括，表达对明天的期望或设定目标。

二、日语日记写作的常用句型

1. 信息记录：年份、日期、星期、时刻和天气

在日记写作中，通常没有总结全文的标题，而是以年份、日期、星期、时刻和天气信息开头。例如：「2023年2月10日　金曜日　晴れ　夜8時」。其中，年份可以根据个人写作习惯，自由采用公元纪年法或年号纪年法，

例如,「令和五年二月十日」。

关于"天气"的说法常见的有「晴れ」「曇り」「雨」「雪」「台風」等词语,同时这些词语也属于日语中的季语,即用来表现四季特色的词语。但日语中的季语数不胜数,往往很难直接从中文中找到对应的词语。为此,我们在表5-1中总结了部分与天气相关的日语词汇。

表5-1 部分与天气相关的日语词汇

日文	意思
晴れ(はれ)	晴
曇り(くもり)	阴
雨(あめ)	雨
雪(ゆき)	雪
台風(たいふう)	台风
雷(かみなり)	雷电
霧(きり)	雾
虹(にじ)	彩虹
地震(じしん)	地震
洪水(こうずい)	洪水
津波(つなみ)	海啸
晴れのち曇り(はれのちくもり)	晴有时阴
曇り時々雨(くもりときどきあめ)	多云有时有雨
晴れのち雪(はれのちゆき)	晴转雪
梅雨(つゆ)	梅雨时期
翠雨(すいう)	落在草木绿叶上的雨
天泣(てんきゅう)	天空无云时下的雨
虎が雨(とらがあめ)	旧历5月28日下的雨
外持ち雨(ほまちあめ)	局部的雨
花時雨(はなしぐれ)	樱花时节下的冷雨
篠突く雨(しのつくあめ)	敲打地面的倾盆大雨

续表

日文	意思
遣らずの雨（やらずのあめ）	妨碍人回家的雨
涙雨（なみだあめ）	小雨
小夜時雨（さよしぐれ）	夜晚下的阵雨
七つ下がりの雨（ななつさがりのあめ）	下午4点后下的雨
花の雨（はなのあめ）	樱花时节下的雨
花曇り（はなぐもり）	樱花时节天空中稍有云的样子
花冷え（はなびえ）	樱花时节天气突然变冷

2. 当日活动记录：时间、地点及行为活动

日记正文一般直接铺叙，可以使用最简单的"时间、地点＋表示行为活动的谓语"句式，简要记录当天的活动、发生的事件等。例如：

◇ 昨日は鴨川で散歩した。（昨天在鸭川边散步。）

常见表示行为活动的日语词语还有「勉強」「仕事」「掃除」等，具体可见表5-2。

表5-2 表示行为活动的日语词汇

日文	意思
勉強（べんきょう）	学习
仕事（しごと）	工作
掃除（そうじ）	打扫卫生
旅行（りょこう）	旅行
運動（うんどう）	运动
外食（がいしょく）	外出吃饭
鑑賞（かんしょう）	鉴赏，欣赏
公演（こうえん）	表演

续表

日文	意思
思考（しこう）	思考
販売（はんばい）	贩卖
飼育（しいく）	饲养
宿泊（しゅくはく）	在外住宿
看病（かんびょう）	照顾（生病的人）
出席（しゅっせき）	出席（活动等）
リラックス	放松
マッサージ	按摩
気分転換（きぶんてんかん）	调整心情
自分磨き（じぶんみがき）	自我提升

3. 感想、感受：对事件的感想、感受等

想要在活动记录后增添感想、感受时，则可以使用"事件＋表达感想或感受的动词/名词短语/感情形容词和形容动词"句式。既可以表达对事物的评价、对人的感受，也可以记录自己的心情或状态。例如：

◇ 久々に友達に会えて嬉しかった。（和好久不见的朋友见面很开心。）

表达感受的动词或名词（短语）有「調子がいい」「一生懸命」等（表5-3）；而感情形容词和形容动词则有「嬉しい」「好きだ」等，可参考表5-4。

表5-3 日语中表达感受的动词或名词（短语）

分类	日文	意思
动词（短语）	寛ぐ（くつろぐ）	轻松，放松
	疲れる（つかれる）	疲劳
	焦る（あせる）	焦虑
	腹立つ（はらだつ）	生气恼怒

续表

分类	日文	意思
动词（短语）	落ち込む（おちこむ）	沮丧
	落胆する（らくたんする）／がっかりする	失望
	呆気にとられる（あっけにとられる）	瞠目结舌，吃惊
	息をつく（いきをつく）	松了口气
	息を呑む（いきをのむ）	喘不上气
	八つ当たりする（やつあたりする）	乱发脾气
名词（短语）	調子がいい（ちょうしがいい）	状态良好
	調子が悪い（ちょうしがわるい）	状态不佳
	有頂天（うちょうてん）	非常开心
	一生懸命（いっしょうけんめい）	全力以赴
	気の毒（きのどく）	可怜可悲
	上の空（うわのそら）	心不在焉
	不覚（ふかく）	马虎大意

表 5-4　日语中常见感情形容词和形容动词

分类	日文	意思
感情形容（动）词	嬉しい（うれしい）	高兴的
	懐かしい（なつかしい）	怀念的
	悲しい（かなしい）	悲伤的
	悔しい（くやしい）	懊悔的
	羨ましい（うらやましい）	羡慕的
	苦しい（くるしい）	痛苦的

续表

分类	日文	意思
感情形容（动）词	欲しい（ほしい）	想要的
	恥ずかしい（はずかしい）	羞愧的
	痒い（かゆい）	痒的
	痛い（いたい）	痛的
	好きだ（すきだ）	喜欢
	嫌いだ（きらいだ）	讨厌
	嫌だ（いやだ）	讨厌
兼有属性及感情性质的形容（动）词	忙しい（いそがしい）	忙碌的
	美味しい（おいしい）	好吃的
	可笑しい（おかしい）	好笑的
	怖い（こわい）	可怕的
	寂しい（さびしい）	寂寞的
	つまらない	无聊的
	退屈だ（たいくつだ）	无聊

4. 总结：对当天进行概括，表达对明天的期望或设定目标

在日记的最后，可以使用"表示目的或目标的句型＋祈使句"的句式，以此对当天的生活进行总结，回顾一天的收获，或者展望未来，给自己加油打气。例如：

◇ 今日は本当に充実な一日だった。（今天过得很充实。）

◇ 日本語を上手に話せるために、頑張ろう！（为了能讲好日语，加油吧！）

○月○日　晴れ

　今日はポカポカした日だ。朝からずっとリモート授業で、昼ごはんを食べたあと、検査を受けて、ステッカーがもう一枚もらえた。今日は辛棄疾のキャラクターだ。これで7枚目。そう、今日は正に自粛の最後の日。明日、外に出られるんだ。

　振り返って見れば、こんなに安心して自粛生活を送れたのは、周りの人たちのおかげだ。最初の頃は、焦りや不安な思いをしたけど、整った感染防止対策の安心感や身近な人の温もりに触れてだんだん落ち着いた。1日3食の配膳と回収、薬品やマスクの配達をしてくれたボランティア。戸別に検査してくれた防護服を着た医療従事者。オンライングループで情報を発信したり、疑問に答えてくれたりしたコミュニティのスタッフ。授業のビデオを録画してくれたり、生放送をしてくれたりした先生と同級生たち。彼らの精一杯働いている姿に何度も感動した。

　そう思うと、感謝の言葉しか出てこない。本当に、毎日毎日ありがとう。インフルエンザが1日も早く収束して、皆が平常の生活ができる様になることを心から祈っている！

范文点评

● 知识点 1：非正式的缩略表达

缩略表达是日记等非正式文章的文体特征之一。写日记时，不必拘泥于句子结构的完整，为快速记录想法可以适当使用省略形式。如本课的写作范文就利用「い抜き」规则，将「心から祈っている」省略成「心から祈ってる」。日语中常见的「縮約形・短縮句」见表 5-5。

表 5-5　日语中常见的「縮約形・短縮句」

原形	缩略表达	例句
ラ行音	ん	あんたは何も分からんなぁ。
のだ	んだ	そうなんだ。
ので	んで	寒いんでくしゃみをした。
もの	もん	そんなことあるもんか。
ている・でいる	てる・でる	どうするべきか悩んでる。
ておく・でおく	とく・どく	食材を買っといた。
ておけば・でおけば	ときゃ・どきゃ	宿題をしときゃよかったのに。
てあげる	たげる	りんごを食べたげる。
ても・でも	たって・だって	私だって嫌だ。
ては・では	ちゃ・じゃ	遅刻しちゃいけない。
ではないか	じゃん	できるじゃん。
きは	きゃ	言うことなんか聞きゃしないよ。

续表

原形	缩略表达	例句
れは	りゃ	そりゃ大変だね。
てば	ちゃ	勝ちゃいいなぁ。
べば	びゃ	ちゃんと並びゃ大丈夫だ。
めば	みゃ	頼みゃ捗れるかもしれない。
ねば	にゃ	死にゃ間に合わないんだ。
せば	しゃ	ちゃんと話しゃなんとかなる。
えば	やぁ	買やぁ買いたい。
れば	りゃ	すりゃ分かるよ。
けば・げば	きゃ・ぎゃ	行きゃいいなぁ。
ければ	けりゃ／ちゃ	ミスがなちゃオッケー。
なくては	なくちゃ	提出しなくちゃいけない。
あまり	あんま	あんま好きじゃない。
すごい	すげえ	すげえよ、あの人！
のような	んな	そんな面白いか。
この間（あいだ）	こないだ	こないだのことだけど、～
けれども	けれど／けど	そうだけど、うまくいけるか。
たらどう・だらどう	たら・だら	ちょっと試したら。
かもしれません／ない	かも	これでいけるかも。
そうですか	そっか	えっ、そっか！そういうことか！
ましたか・でしたか	っけ	名前はなんだっけ。
～と	って	「～」って言われた。
おはようございます	おっす	あっ、おっす。
ありがとうございます	あざっす	色々あざっす。

知识点 2：和语词的运用

日语词分为三大类：和语词、汉语词和外来词。中国日语学习者受汉语母语的影响，对日语中的汉语词运用能力强，有利于论文等正式文体的写作，但日语的汉语词用于日记、心得体会等非正式文体及日常交流中则稍显生硬。因此，在写日记时可以有意运用和语词，使自己的书写更贴近日语母语者的日常表达。

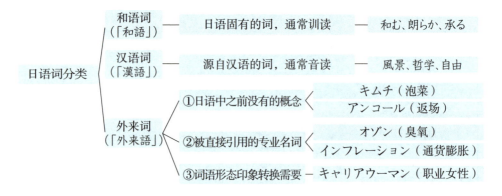

1. 根据提示用日语完成句子

（1）听说明天晴转多云。（～そうだ）

（2）刚一到家，就下起了倾盆大雨。（～たばかりに／篠突く雨）

（3）为了调整心情，我和朋友们一起去日本旅行了半个月。（気分転換）

（4）因身体状态不佳而错过了与偶像的见面会，真不甘心。（推しの握手会／行き損ねる）

（5）一个人看电影，电影内容还无聊，更加让人感到寂寞。（一人映画／ひときわ）

2. 阅读理解（结合短文内容回答问题）

○月○日　霧

　　今日から、学校のオンライン授業が始まりました。休校で、ずっと友達や先生と会っていなかったので、たのしみでした。

　　時間になったので、お母さんといっしょにタブレットの準備をしました。画面に先生の顔がうつりました。友達の顔もうつりました。みんなと会えたので、とてもうれしかったです。

　　先生が、「みなさん、元気にすごしていますか。」と言いました。

　　ぼくは、「元気です。」と答えました。

　　先生の話を聞いて、オンライン授業は終わりました。明日も楽しみです。

△月△日　雨

　日曜日が雨だったから、ぼくは一日中家にいました。家の中には、お母さんと妹とぼくの３人がいました。妹はお絵かきをして遊んでいました。

　「何をかいているの？」

　ぼくが聞くと、雨の絵をかいていると言いました。おもしろそうだったので、ぼくもいっしょにお絵かきをしました。窓から庭に雨が降っているのをながめて、絵をかきました。色えんぴつで色をぬりました。妹も上手にかいていました。できあがった絵は、お父さんが帰ってきて見せました。

　「上手にかけているね。」

　ほめてくれました。うれしかったです。

□月□日　曇りのち晴れ

　今日はお父さん、お母さんと妹と一緒に夏祭りの花火を見に行きました。

　花火会場は人がいっぱいで満員電車みたいに混雑していました。人混みが苦手なぼくは「なんでこんな場所にに来ないといけないんだろう。これなら家でゲームをしていた方が良かった」と少し不満でした。

　でも、いざ花火になるとその考えが百八十度変わりました。

　ぴゅーーー、どっかーん！

　夏の夜空に大きな花が咲きました。満開に咲いた花はしばらくするとチリチリと消えてしまいます。でも、またすぐに次の花が咲きます。気が付いたらぼくは夜空に浮かぶ花を食い入るように見ていました。

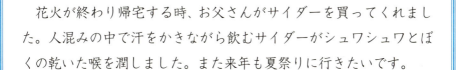

花火が終わり帰宅する時、お父さんがサイダーを買ってくれました。人混みの中で汗をかきながら飲むサイダーがシュワシュワとぼくの乾いた喉を潤しました。また来年も夏祭りに行きたいです。

（1）〇月〇日の天気はどうでしたか。

（2）日曜日に「ぼく」の妹は何をしましたか。

（3）なぜ「ぼく」は夏祭りの花火大会を不満でしたか。

3. 写作练习（结合题目要求和本课所学完成写作）

假设你是作小文的朋友，请参考本课所学知识点，以"野炊"或"读书"为主题，尝试写一篇日语日记。（不少于400字）

第六课

书信交流 1：明信片写作

场景介绍

新的一年将至，作小文同学收到了来自日本友人上野花子同学亲自写的贺年卡。虽说自暑假赴日游学结识以来不到半年，但她们通过日常的书信、电子邮件已将对方视为自己最重要的异国朋友。作小文第一次收到来自日本朋友的贺年卡，她应该如何回复呢？

贺卡是一种在节日、纪念日、生日等日子，向他人表达问候和祝福的卡片。贺卡的书写空间有限，要求用简短的语句表达问候和祝福。久而久之，一些语句成为贺卡中的习惯用语。这些语句通常蕴含着人们对美好生活的希冀与对未来的憧憬。

那么，日语的贺卡中有哪些习惯用语？日本人如何根据祝贺的具体内容来选择语句？写贺卡有哪些禁忌？具体框架如何？本课将以贺年卡为例，从其格式要求、常用句型等出发，介绍用日语写贺年卡的技巧。

あっ、作さん、こんにちは。ちょうど良かった。

先生、こんにちは！何か御用でしょうか。

これは、事務室にあった作さん宛の郵便物なんですが。

えっ、そうですか！すみません。わざわざ持って来てくださってありがとうございます！

…あっ、これって、以前、交換留学で知り合った日本の女の子からの年賀状なんです。でも、返信はどうすればいいでしょうか…

そうですねー。とりあえず、万年筆と絵葉書を用意してください。あとで一緒に書いてみましょう。

はい、考えるよりまず行動、ということですね！早速、準備します！

（场景会话）

一、日语贺年卡写作的文体、语体形式和基本框架

日语贺年卡在文体上普遍使用敬体，即以「です」「ます」结句的文体，在语体上，常以书面语的形式呈现。但由于新年是重大节日，因此即便双方感情很深厚、关系很亲密，在写贺年卡时一般也不会使用简体。

行文结构一般包含标题（贺词）、正文、时间、署名四部分。贺年卡有竖式和横式两种固定的书写格式（图6-1、图6-2）。需要注意的是，倘若收贺年卡的人与寄卡人并非朋友关系，则只能采用竖式格式。

图 6-1　竖式范本　　　　图 6-2　横式范本

二、日语贺年卡写作的常用句型

1. 标题（贺词）

标题（贺词）通常使用稍大的字体，根据写贺年卡的时间及内容选择相应的贺词或祝词，有时只写标题（贺词）而不写正文的情况也是存在的。

常用的新年贺词有「謹賀新年」「恭賀新年」「新春」「迎春」「賀正」「賀春」「頌春」「謹んで新年のお慶びを申し上げます」「謹んで新春の寿ぎを申し上げます」「明けましておめでとうございます」等。

但如果收贺卡人是长辈或上司,在贺词中加上「謹んで」等文字才更加合乎礼节;而诸如「賀正」「迎春」「新春」等不含「謹んで」之类的贺词则不宜对长辈或上司使用。

此外,无论收贺年卡对象是谁,还需要注意避免贺词的重复表达(表6-1)。

表6-1 日语贺年卡中贺词表达的常见错误

重复表达	正确表达
「新年明けましておめでとうございます」	「新年おめでとうございます」 「明けましておめでとうございます」
「謹賀新年 謹んでお祝い申し上げます」	「謹賀新年」 「謹んでお祝い申し上げます」
「一月一日 元旦」	「一月一日」 「元旦」

2. 寒暄与致谢

在表达寒暄与致谢时,可以说「旧年中は大変お世話になり、ありがとうございました」,在职场上也可以使用「昨年は格別の御厚情を賜り、厚く御礼を申し上げます」。

但诸如「ご無沙汰していますが、お元気でいらっしゃいますか」「お変わりありませんか」这类较为亲近的表达一般只在朋友之间使用。

具体语例可参照表6-2。

表6-2 日语贺年卡的常见寒暄与致谢表达

类别	例句
寒暄与致谢	✧ 旧年中は大変お世話になり、ありがとうございました。 ✧ 旧年中は一方ならぬお世話になり、厚く御礼申し上げます。

续表

类别	例句
寒暄与致谢	◇ 昨年はいろいろとお世話になり、ありがとうございました。 ◇ 昨年は格別の御厚情を賜り、厚く御礼を申し上げます。 ◇ ご無沙汰していますが、お元気でいらっしゃいますか。（朋友之间多用） ◇ お久しぶりですが、お変わりありませんか。（朋友之间多用）

3. 期待与祝福

在最后表达期待与祝福时，最常见的表达是「今年も宜しくお願いします」；在商务场合则常用「貴社のますますのご発展を祈念いたします」等，具体可参考表6-3。

表6-3 日语贺年卡的常见期待与祝福表达

类别	例句
期待与祝福	◇ ご家族の皆様のご健康とご多幸をお祈り申し上げます。 ◇ 皆様のご健勝とご多幸をお祈り申し上げます。 ◇ 貴社のますますのご発展を祈念いたします。 ◇ 新しい年が皆様にとって佳き年でありますようお祈り申し上げます。 ◇ 本年も倍旧のお引き立ての程宜しくお願い申し上げます。 ◇ 本年も変わらぬご交誼のほどお願い申し上げます。 ◇ 今年も宜しくお願いします。 ◇ 今年もご支援ご指導の程、宜しくお願い申し上げます。 ◇ 本年もご指導の程宜しくお願い申し上げます。

4. 时间

竖式贺年卡的落款时间一般使用年号和汉字数字，横式贺年卡则一般使用公历和阿拉伯数字，但需要特别注意的是，日本人写贺年卡的1月1日时，通常不会写「一月一日」，而是写「元旦」或「新春吉日」。

解说

日本贺年卡"五不写"

（1）不写"开头语（「頭語」）"与"结束语（「結語」）"。

（2）不写"时令问候语"。

（3）不写收信人姓名。

当把贺年卡邮寄出去时必须写清楚收信人的姓名，但在有贺词和正文的一面通常省略不写，一般会统一写在贺年卡的背面专栏。

如图6-3所示，一般以竖式格式书写，从右上往左下依次为：收信人邮编和地址、收信人姓名＋「様」以及寄信人地址、姓名、邮编。

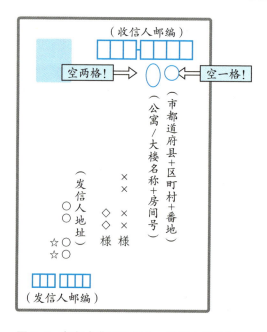

图6-3 贺年卡背面收信人、寄信人等信息

出现数字时，竖式格式下如果原本表示为「1の2の3」，则在贺年卡中应改为「一-二-三」；两位数时，如「23」，写成「二三」会让人难以分辨，因此一般加上「十」，写成「二十三」，「12」写成「十二」；三位数及以上时，如「101」，写成「一〇一」即可。如果出现「0」时，一般也要改写成「〇（作房间号时读作まる）」。（表6-4）

表 6-4　竖式格式数字的表达

错误表达	正确表达
1の2の3	一・二・三
12	十二
23／二三	二十三
101	一〇一

如果是横式贺年卡，则使用阿拉伯数字即可。

（4）不写标点符号。

在日本人的认知当中，使用标点符号会「縁起のいいことを区切りをつける」，即破坏好运。因此，在贺年卡、毕业证书、表彰书、感谢信、哀悼信等正式文书中，日本人一般不会使用标点符号。

（5）不写忌讳语。

在制作日语贺年卡时，还需要特别注意避免使用忌讳语，主要是本身含义不好或与之谐音的词汇，如「禍」「災い」「去る」「失う」「衰える」「枯れる」「倒れる」等。

在通信技术快速普及和发展的今天，想传达信息除了写贺卡、书信这些途径，还有发电子邮件、打电话等多种方式。

但常言道"见字如晤"，最浪漫、最真挚的还得是亲笔写下的贺卡与书信。如果再根据寄的贺卡或书信的对象增添特色内容，例如，过去一起经历过什么，有什么共同期待实现的事情，等等，还能进一步发挥贺卡或书信真挚、实在的特点。

因此，日本人也非常重视且欣赏亲笔写下的贺卡和书信。同学们也试着在无纸化盛行的今天，偶尔从电子产品中脱身，拿起纸笔，给亲朋好友或师长写写贺卡和书信吧！

写作范文

謹賀新年

昨年中は何かとお世話になりました
今度また時間を作って是非ともお会いしたいものですね
お互い笑顔いっぱいの良い一年になりますように

令和五年　元旦
作小文

謹賀新年

昨年中は何かとお世話になりました
今度また時間を作って是非ともお会いしたいものですね
お互い笑顔いっぱいの良い一年になりますように

令和五年　元旦
作小文

第六课　书信交流1：明信片写作

范文点评

- **知识点1：日语贺年卡象征吉利的事物**

　　不同国家的文化有差异，象征吉利的事物也有所不同。比如，日常喝茶时，如果泡茶时茶叶在水中竖立起来，中国人可能不甚在意，而日本人则认为「縁起が良い（吉利）」，接下来会有好事发生。

　　在写贺年卡时，日本人认为粗字比细字更加吉利，因此使用黑墨粗芯的笔写贺年卡为佳；在图案上，日本人认为具有新年特色且象征着吉利的事物有「松」「竹」「笹」「梅」「椿」「鯛」「鶴」「亀」「富士山」「鷹」「茄子」「初日の出」「羽子板」「扇子」「招き猫」「ダルマ」「コマ」「打ち出の小槌」「軍配」「門松」「瓢箪」「鏡餅」「破魔矢」「獅子舞」「和凧」「宝船」等。因此，在写贺年卡时可以适当添加类似的图案。

- **知识点2：日本人贺年卡的寄送时间**

　　日本人新年假期过后的首个工作日是在1月6日，诸如「明けましておめでとうございます」的新年问候只能在1月7日（「松の日」）前说。因此，我们还需要注意寄贺年卡的时间，赶早不赶晚，更显对对方的重视与关心。

- **知识点3：其他明信片类型**

　　与贺年卡类似，日本常见的明信片类型还有季节问候信、招待信、哀悼信等。

➢ 夏日问候信（「暑中見舞い・残暑見舞い」）

　　夏日问候信，即夏季向亲朋好友致以时令问候、交流近况并为对方祈愿祝其安康的明信片。「暑中見舞い」一般是小暑（7月7日前后）至立秋（8

月7日前后）之间寄送，而「残暑见舞い」则是立秋（8月8日前后）至8月末寄送。夏日问候信主要包括寒暄、时令问候、正文、结尾寒暄、日期四大要素（表6-5）。夏日问候信样例见图6-4。

表6-5 夏日问候信的构成

要素	内容
寒暄	以大字体呈现，且不加句号，常说「暑中（残暑）お見舞い申し上げます」或「暑中（残暑）お伺い申し上げます」
时令问候	季节的问候、关心对方健康的话语等
正文	关心对方的健康及近况报道、未来计划等
结尾寒暄	通常一句话即可，关心对方健康、希望对方平安等
日期	不需要写具体的日期，「暑中見舞い」通常写「盛夏」，而「残暑見舞い」则通常写「晩夏」「立秋」「葉月」等

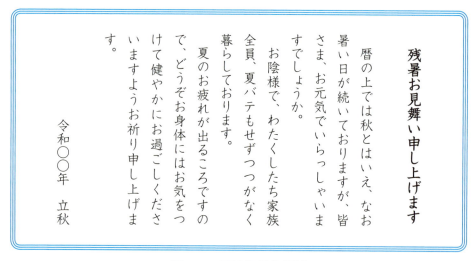

图6-4 夏日问候信样例

> 哀悼信（「喪中はがき」）

　　哀悼信，即配偶、父母、继父母、子女或其配偶、兄弟姐妹遭遇不幸时由家属书写并寄给亡者亲朋好友的明信片。哀悼信样例见图6-5。

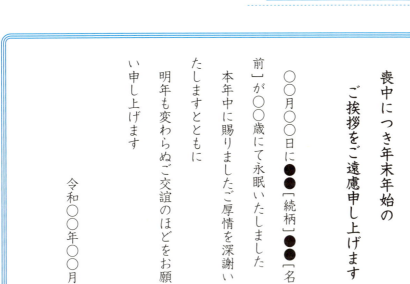

图 6-5　哀悼信样例

课堂练习

1. 根据提示用日语完成句子

（1）新年快乐，今年也请多多关照。（よろしくお願いします）

（2）好久不见，最近怎么样？（無沙汰／この頃）

（3）去年承蒙您的厚爱，在此表示衷心的感谢。（旧年中／厚情を賜る）

（4）祝大家身体健康、幸福美满。（健勝／申し上げる）

（5）愿您今后的人生好运常伴。（幸多からんことを）

2. 阅读理解（结合短文内容回答问题）

10年後、28歳の私へ

　まったく想像もつかないけれど、元気に楽しく幸せに過ごしていますか？

　無事に志望大学の法学部に入って、司法試験に合格して、夢の弁護士になっていると思います。仕事も充実して、素敵な彼氏ができて、結婚もしているかもしれませんね。私が結婚する相手は、どんな顔をしてる人なのかな。幸せなら、どんな顔でもいっか。もしまだ運命の人に出会っていなかったら、そろそろ出会えることを祈っています！（自分のことなのに祈るって変だけど）

　今、子どもは3人欲しいと思っているけど、流石にまだ産んではないかな。それとも価値観が変わった？

　今は朝から晩まで、学校の自習室に篭って勉強しています。この

手紙も勉強の息抜きに自習室で書いています。受験では本領発揮できて、この二年間の努力がもうすぐ実るはず。緊張しすぎないように！

　弁護士になっている私は、社会的に弱い人たちや困っている人の助けになれていますか？夢を叶えた私は、どんな気持ちで生活していますか？お父さんとお母さんにちゃんと親孝行もしてね。10年後の私が幸せでいますように！

18歳の私より

資格試験を頑張った、合格発表日の私へ

　資格試験が三ヶ月後に迫った今、全力で勉強をしています。時にはサボりたくなるし、今もスマホ触ってのんびりしているところだけど、全力を尽くしていると言っても過言ではないはず。

　合格発表日の私に言いたいことは、この一言。合否に関わらず、よくやった！食べたいものを食べて、思いっきり遊ぼう！

　合格してたら、夢の仕事に向けて大きな一歩を踏み出したということ。そんな自分を誇りに思うし、その先の未来を考えるだけでもワクワクする。でもお母さんが言うように、上手くいったからといって、気を抜かず、努力をし続けて、いつも謙虚に！

　もし不合格でも、大丈夫。もう一度受け直したら良いだけ。

　一度うまくいかなかったからと言って投げ出すような、諦めの良い私ではないよね？自分を責めずに、もう一度頑張ろう。だって今こんなに頑張ってるんだよ？絶対に後悔はしないように！

　どんな結果でもお疲れ様、私。一刻も早く我慢してたディズニーのチケットを取るのだ！

12月の私より

1年後、61歳の私へ

　お誕生日おめでとう！この一年では、きっと子育てを終え、自立した二人の子どもたちの成長を見続け、結婚記念日を祝い、友人たちと旅行に行き、たくさんの思い出を作ったはずです。自分自身を理解し、より豊かな人生を送るために、自分にとって何が必要かを見極めているところではないでしょうか。

　あなたはもう60代を過ぎ、多くのことを経験し、多くのことを学んできたでしょう。これまでの人生で多くの成功と失敗を経験してきました。しかし、いつも前向きに、ポジティブな姿勢で、新しい挑戦を迎えることができました。

　私は、今後の人生において、常に自分自身を向上させ、成長し続けることが大切だと思います。愛する人たちと一緒に過ごす時間を大切にし、新しい場所を訪れ、新しい人と出会い、自分自身を成長させ、リフレッシュしましょう。

　私は、自分自身に優しく、愛を注ぎ、人生を楽しみながら、健康で長寿であることが大切だと思います。子どもたちにとって、明るく楽しい人母親であり、夫にとっては愛情深い存在であり続けたいと思います。

　親愛なる61歳の自分へ、これからも前向きであり続けましょう。そうすれば、より素晴らしい一年と、人生を送ることができるはずです。

60歳の自分より

（1） 18歳の「私」はいつも何をしていますか。

（2） もし資格試験が不合格としたら、「私」はどうするつもりですか。

（3）60歳の「私」は今後の人生においてどう思っていますか。

3. 写作练习（结合题目要求和本课所学完成写作）

假如你是作小文同学，请参考本课所学知识点及句型，尝试给你的朋友写一封竖式的夏日问候信。（标题与落款已写好，正文要求不少于200字）

暑中お見舞い申し上げます

令和六年　盛夏

第七课

书信交流 2：信函写作

场景介绍

　　贺卡传递简短的问候，书信寄托万般牵挂。文字漂洋越海，架起了作小文与花子友谊的桥梁。贺年卡寄出后不久，作小文又收到花子的来信和礼物，她准备手写一封回信，以此表示对花子的感谢。

　　书信是一种向特定对象传递信息、交流思想、表达感情的应用文。在信息时代，书信的形式多种多样，但亲笔信仍然是向收信人表示尊重、表达情感的重要方式，给人"见字如晤"的亲切感。书信的写作根据内容和双方关系而定，或正式工整，或亲切随和，但都强调格式的规范性。

　　日语书信的格式如何？内容有什么突出的特征？常用的句型有哪些？有哪些写作禁忌？本课将从起笔时的"头语"到收笔后的落款，详细讲解日语书信的写作方法。

作さん、事務室に手紙が届いていましたよ。送り主はこの前の年賀状と同じ人です。

あっ、上野さんからの手紙ですね。早速取ってきます。

…先生、これが届いた手紙とお土産です。でも、返事はどうしたらいいでしょうか？手紙の書き方が分からないんです。

そうですね。初めて書く人にとっては少し難しいかもしれませんね。でも心配しないでください。今回の授業では、手紙の書き方について詳しく説明しますよ。

それは良かったです！先生、ありがとうございます。それでは、次の授業を楽しみにしています！

（场景会话）

一、日语书信写作的文体、语体形式和基本框架

日语书信一般使用敬体，即以「です」「ます」结句的文体；在语体上，一般根据信件的目的和收信人，选择适当的正式或非正式文体。

例如，在商务信函中，通常使用正式的书面语表达方式；而在写给朋友或家人的信件中，则可以使用非正式的口语表达方式。

在行文结构上，日语书信一般由前文、主文、末文、后附四大部分组成（表7–1）。

表7–1　日语书信的结构

结构	举例
前文	拝啓　季節はすっかり春めいて、日中はうららかな陽気となっております。上野さんのお住まいの地域も、心地よい風が吹いていることでしょう。いかがお過ごしでしょうか。
主文	さて・ところで・実は・つきましては・このたび・早速ですが・突然ですが・かねて申し上げましたように…
末文	ご多用中、恐れ入りますが、ご検討いただけますようお願い申し上げます。何卒よろしくお願いいたします。 　　　　　　　　　　　　　　　　　　　　　　　　敬具
落款	令和三年十月九日 　　　　　　　　　　　　　　　　　　　　　　　　山田太郎 渡辺花子　様

（1）前文："头语"和寒暄语（时令问候）。

（2）主文：过渡词句和具体内容。

（3）末文：再次寒暄和"结语"。

（4）落款：日期、寄信人和收信人。

二、日语书信写作的常用句型

1. "头语"与"结语"

在前文部分中，一般开篇顶格书写"头语"(「頭語」)。但需要注意的是，"头语"与末文部分的"结语"(「結語」)应成对出现、相互照应，且须根据信件的正式程度和内容选择是否写"头语"和"结语"。

例如，最常见的「拝啓」对应的是「敬具」，而紧急情况下的「冠省」「前略」则对应「草々」「不一」等，具体见表 7-2。

表 7-2　日语信件"头语"和"结语"对照表

书信类型	"头语"	"结语"
一般书信	拝啓 拝呈 啓上 一筆申し上げます	敬具 敬白 拝具
正式书信	謹啓 恭啓 粛啓 謹呈 謹んで申し上げます	敬具 謹言 謹白 頓首 敬白
紧急书信	前略 冠省 急啓 急呈 急白 とり急ぎ申し上げます	早々 敬具 拝具 草々 不一
首次联络	初めてお手紙を差し上げます 突然お手紙を差し上げる無礼をお許し下さい	敬具 敬白 謹言 頓首
回信	拝復 復啓 謹復 お手紙ありがとうございました 御状（貴簡、ご書状、お手紙）拝見（拝読）いたしました	敬具 敬白 拝具 拝答

2. 前文寒暄：时令问候及问好

"头语"部分结束后，后空一格后紧接着写寒暄语。

前文寒暄的构成一般是"时令问候及问好"。其中时令问候（「時候の挨拶」）中一般会出现日语的季语，如「長雨に紫陽花の花も濡れています」「空の青さが真夏の到来を告げています」「秋まだ遠く、厳しい残暑が続いています」等中的「長雨」「紫陽花」「空の青さ」「真夏」「秋」「残暑」。具体见表7-3。

表 7-3　日语时令问候与季语

时间	类别	语例
1月	词语	厳寒の候・初春の候・大寒の候・新春の候・小寒の候
	例句	◇ 新年を迎え、新たな気分でお過ごしのことと思います。 ◇ 寒い日が続きますが、ご家族そろって穏やかな新春をお過ごしのことと思います。 ◇ お正月気分も抜けてますます寒さが厳しくなってきました。 ◇ 松もとれましたが、あいかわらず寒い日が続いています。 ◇ 松もとれ、厳しい寒さが続いています。 ◇ 松の内も過ぎ、寒気ことのほか厳しく感じられます。 ◇ 年が明け、まだ来ぬ春が待ち遠しく感じられます。 ◇ 新年早々ではございますが、寒中お見舞い申し上げます。
2月	词语	余寒の候・立春の候・春寒の候・節分の候・春浅の候
	例句	◇ 梅の蕾も膨らみかけてまいりました。 ◇ 春の陽気が待ち遠しい今日この頃、いかがお過ごしですか。 ◇ 立春とは名ばかりでまだまだ寒い日が続いております。 ◇ 節分を過ぎましたのに、あいかわらず寒い日が続いています。 ◇ 春とは名ばかりの厳しい寒さが続いています。 ◇ 梅のつぼみも膨らみ、日中はいくらか寒さもゆるんで参りました。 ◇ 余寒厳しい毎日が続いています。 ◇ 立春を過ぎ、本格的な春の訪れが待たれる頃となりました。 ◇ 雪深い当地では、立春とは言え真冬の寒さが続いています。

续表

时间	类别	语例
3月	词语	早春の候・春暖の候・浅春の候・春寒ゆるむ候
	例句	◇ 寒さも緩み、ようやく春めいてきました。 ◇ 日増しに暖かくなり、早春の息吹を感じられるこの頃です。皆さんお変わりございませんか。 ◇ 桃の節句を過ぎ、ようやく春めいて参りました。 ◇ 寒さの中に春の気配を感じる頃となりました。 ◇ 旅立ちの春を迎え、日増しにあたたかさを感じています。 ◇ ひな祭りを終え、縁側の陽射しにも暖かさを感じる頃となりました。 ◇ 桃の節句を過ぎ、今年の春は例年になく穏やかです。 ◇ 啓蟄を過ぎ、小川の水もぬるんで参りました。 ◇ 春分を過ぎ、桜の開花が待たれる頃となりました。
4月	词语	陽春の候・桜花の候・春暖の候・惜春（せきしゅん）の候
	例句	◇ 桜が町をピンク色に染めています。 ◇ 春風の候、いかがお過ごしでしょうか。 ◇ 桜の花のたよりが聞かれる頃になりました。 ◇ 花の色が美しい季節になりました。 ◇ 春もたけなわの頃となりました。 ◇ 葉桜の季節となりました。 ◇ 新入生のランドセルが春光に踊る季節となりました。 ◇ 今年も燕（つばめ）が飛来する季節になりました。
5月	词语	新緑の候・薫風（くんぷう）の候・立夏の候・晩春の候
	例句	◇ 街路樹の葉が青々と生い茂り、目に鮮やかに映ります。 ◇ 牡丹の花が咲き誇り、日中は汗ばむ季節となりました。皆さんはお元気でいらっしゃいますか。 ◇ 鯉のぼりが気持ちよさそうに泳いでいます。 ◇ 新緑の香りがすがすがしい季節になりました。 ◇ 五月の空が気持ちよく晴れわたっています。 ◇ 風薫る季節となりました。 ◇ 田んぼの蛙が鳴きはじめました。 ◇ 緑芽が日増しにその色を増しています。 ◇ 田を渡る風が気持ちの良い季節となりました。

续表

时间	类别	语例
6月	词语	梅雨の候・入梅の候・紫陽花の候・向暑の候
6月	例句	◇ 梅雨明けが待ち遠しい頃、むしむしとした日が続いています。 ◇ 清々しい初夏の季節となりました。 ◇ 梅雨に入り、うっとうしい毎日が続いています。 ◇ あじさいの色が美しく映えるころとなりました。 ◇ 長雨に紫陽花の花も濡れています。 ◇ 長かった梅雨もあけ、初夏の風が爽やかな季節となりました。 ◇ 一日の長さがずいぶん長く感じられる頃になりました。 ◇ 清流に鮎が踊る頃となりました。
7月	词语	盛夏の候・猛暑の候・大暑の候・炎暑の候・夏祭の候・暑さ厳しき折
7月	例句	◇ 空の青さが夏らしく輝きを増やしてきました。 ◇ 盛夏の候、皆様いかがお過ごしでしょうか。 ◇ 暑中お見舞い申し上げます。 ◇ 降りしきる蝉の声に夏の盛りを感じる頃になりました。 ◇ 天の川がひときわ美しい季節となりました。 ◇ 七夕の笹がわずかな風に揺れています。 ◇ 連日厳しい暑さが続いています。 ◇ 海開きの便りが聞かれる頃になりました。 ◇ 海山が恋しい季節になりました。 ◇ 空の青さが真夏の到来を告げています。 ◇ 入道雲が空に映え、まぶしい夏の到来を告げています。
8月	词语	残暑の候・秋暑の候・晩夏の候・立秋の候・処暑の候
8月	例句	◇ 立秋とはいえ、まだまだ暑い日が続きます。 ◇ 残暑厳しき折、皆様におかれましては、ますますご清祥のこととお喜び申し上げます。 ◇ 立秋とは名ばかりの厳しい暑さが続いています。 ◇ 残暑お見舞い申し上げます。 ◇ 連日厳しい残暑が続いています。 ◇ 秋まだ遠く、厳しい残暑が続いています。 ◇ 立秋を過ぎ、暑さもようやく峠を越したようです。 ◇ 吹く風に、ゆく夏の気配を感じる頃となりました。

续表

时间	类别	语例
9月	词语	初秋の候・野分の候・白露の候・秋分の候・秋桜の候
9月	例句	◇ 少しずつ夕暮れの時間が早くなり、秋の気配を感じます。 ◇ 秋風が心地よい季節となりました。 ◇ コスモスが風に揺れ、朝夕はしのぎやすくなって参りました。 ◇ 秋祭りの子供達が楽しそうに駆けてゆきます。 ◇ 朝の空気に爽秋の気配が感じられる頃となりました。 ◇ 燕（つばめ）が南の空に帰ってゆきます。 ◇ 朝夕はめっきりしのぎやすくなりました。 ◇ 秋涼の風が野山を吹き渡ってゆきます。
10月	词语	秋冷の候・菊花の候・霜降の候・紅葉の候・仲秋の候・灯火親しむ候
10月	例句	◇ 空が高く、雲がくっきり見え、清々しい季節です。 ◇ 天高く馬肥ゆる秋、皆様にはますますご壮健のことと拝察いたします。 ◇ 菊の花が香る季節となりました。 ◇ さわやかな秋晴れの日が続いております。 ◇ 今年も田畑の実りがおいしい季節になりました。 ◇ 灯火親しむ頃となりました。 ◇ スポーツの秋、味覚の秋となりました。 ◇ 芸術の秋となりました。 ◇ いよいよ秋も深まって参りました。
11月	词语	晩秋の候・向寒の候・立冬の候・落葉の候・深秋の候・向寒のみぎり
11月	例句	◇ 秋も深まり、朝夕はめっきり冷え込むようになりました。 ◇ 朝晩はめっきり寒くなって参りました。 ◇ 吐く息の白さに、秋の終わりを感じる頃となりました。 ◇ 街路樹もすっかり葉を落とし、ゆく秋の気配に寂しさを感じる季節となりました。 ◇ 鋪道の落ち葉が冷たい雨に濡れています。 ◇ 庭の紅葉も終わりを告げ、すぐ近くに冬の気配を感じる頃となりました。

续表

时间	类别	语例
12月	词语	初冬の候・師走の候・歳末の候・冬至の候・大雪の候
	例句	◇ 師走を迎え、何かと慌ただしい時期です。 ◇ 師走に入り、あわただしい毎日が続いております。 ◇ 今年もおしつまって参りました。 ◇ 年の瀬の、寒さの身にしみる季節となりました。 ◇ 年の瀬の、寒気いよいよ厳しい季節となりました。 ◇ 一年で最もあわただしい季節になりました。 ◇ 師走に入り寒さも本格的になりました。 ◇ 今年の師走は一段と冷え込むようです。

而问好（「安否の挨拶」）则需要根据对象的不同来选择不同的说法。例如，联系对象为个人时，可以说「貴台ますますご活躍のこととお慶び申し上げます」；而联系对象为组织机构时，例如银行，则会说「貴行いよいよご隆昌の段、大慶に存じます」等。具体见表7-4。

表7-4 日语常用问好用语

個人相手	貴台（男女不問）/ 貴殿（男性のみ）/ 貴女（女性のみ）	（におかれましては）	ますます/ いよいよ	ご清祥/ ご活躍/ ご健勝	のこととお喜び申し上げます。/
組織相手	貴社/ 貴店/ 貴行（銀行）			ご隆昌/ ご繁栄/ ご盛栄	のことと存じます。/ の段、大慶に存じます。

3. 主文：过渡词句及具体内容

书信主体内容的书写应要点清晰，语言规范、流畅。主文开头一般会使用过渡句来承上启下，再提出具体内容。常见的过渡表达有：

（1）さて、～。(那么……)

◇ さて、今度のデートの時間と場所についてですが、バレンタインデーにスカイツリーで会うのはどうでしょうか。(那么，关于下次约会的时间和地点，我们情人节那天在晴空塔见面怎么样？)

（2）つきましては、～。（接下来……）
✧ つきましては、私の留学生活について語りたいです。（接下来，我想和你聊聊我的留学生活。）

（3）ところで、～。（话说回来……）
✧ ところで、劉さんはいつ帰国されますか。（话说回来，刘女士，您什么时候回国呢？）

（4）実は、～。（实际上，其实……）
✧ 実は、来月舞踏会のことなんですが、一緒にドレスを買いに行きませんか？（其实，我想问问你是否愿意和我一起去买下个月舞会用的礼服。）

（5）このたび、～。（回到正题，本次……）
✧ このたび、新しい製品を発表することになりました。（回到正题，这次我们要发布新产品。）

（6）早速ですが、～。（事不宜迟……）
✧ 早速ですが、本日は高校の同窓会の件でお便りを差し上げました。（事不宜迟，今天我给您写信是关于高中同学会的事。）

（7）突然ですが、～。（冒昧打扰……）
✧ 突然ですが、研究中に不明な点があったため、お知恵を拝借したくご連絡いたしました。（冒昧打扰，由于在研究中有不明之处，我想请教您一些意见，因此联系了您。）

（8）かねて申し上げましたように、～。（如前所述……）
✧ かねて申し上げましたように、来月開催予定のイベントについてご案内申し上げます。（如前所述，我将为您介绍下个月计划举办的活动。）

4. 末文寒暄

末文与前文部分的格式相对，先再次向对方致以寒暄问候，再另起一行，居右写上与"头语"对应的"结语"。例如：

✧ ご多用中、恐れ入りますが、ご検討いただけますようお願い申し上げます。何卒よろしくお願いいたします。（很抱歉打扰您，但希望您能考虑一下。非常感谢。）

敬具（敬上）

5. 落款：日期、寄信人及收信人

正文落款处的日期、寄信人及收信人需要注意按顺序并错行书写。其中，在横版格式中，日期及收信人居左书写，寄信人居右书写；在竖版格式中，日期及收信人居上书写，寄信人居下书写。

同时，除了寄信人及收信人都必须书写全名以避免误会，与贺卡类似，收信人姓名后面还需要注意加上「様」或者「殿」等，表示尊敬。

✧ 令和三年十月九日

山田太郎

渡辺花子様

（山田太郎于令和3年10月9日寄予渡辺花子小姐）

6. 信封写法

日本的信封大体可以分为传统的"和式信封"和现代的"洋式信封"两大类，且二者在尺寸大小和写法格式上有所不同。

以和式信封中最常见的尺寸"长形3号"（120 mm × 235 mm）为例，如图7-1和图7-2为日本信封的横写（「横書き」）格式，图7-3和图7-4为日本信封的竖写（「縦書き」）格式。可见，两种格式在数字的写法上有明显的不同，横写格式使用了阿拉伯数字，而竖写格式则使用了汉字。

此外，信纸的折叠方式也有讲究。日本人习惯单面书写书信，通常是将写有文字的一面向内，由页末处的短边开始，将长边折三折，使前文部分落在最外侧。

```
┌─────────────────────────────────────────────────┐
│                                                 │
│  （表面）                          ┌──────┐     │
│                                    │ 切手 │     │
│   日本福井県今立郡池田町           └──────┘     │
│     １丁目２番地３号                            │
│                                      □          │
│                                      □          │
│                                      □          │
│       上野花子 様                    □          │
│                                      □          │
│                                      □          │
│                                      □          │
│                                                 │
└─────────────────────────────────────────────────┘
```

图 7-1　和式信封横写正面

图 7-2　和式信封横写背面

第七课　书信交流2：信函写作

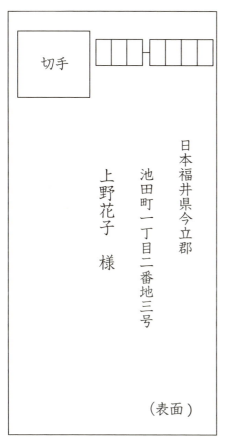

图7-3　和式信封竖写正面

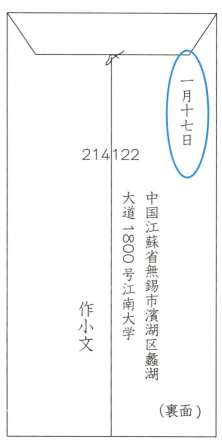

图7-4　和式信封竖写背面

写作范文

拝啓　新春とは申しましても、耐えがたい寒さがつづく昨今ですが、いかがお過ごしでしょうか。お蔭様で、家族一同元気に暮らしております。いつもお世話になり、本当に感謝しております。

さて、このたび寄付していただいたお土産が届きました。キャラクターもついてとてもきれいです。家族ともども大変喜んでおります。日本にいたときも何かとお世話になっておりますのに、このようなお心遣いをいただき、恐縮しております。

この寒気もさらに強まるとのことですので、風邪など引かれませんようくれぐれもご自愛ください。

よい新年を迎えられますことをお祈り申し上げます。

敬具

一月十七日

作小文

上野花子　様

第七课　书信交流2：信函写作

- **知识点 1：斟酌书信用语**

在写日语书信时需要多加斟酌、甄别用语。例如，书信写作的语体虽然相对正式，但作小文和花子这样的平辈之间使用「恐縮しております」「新春とは申しましても」等表达可能会让对方产生生疏感。

因此，如果寄信人与收信人之间关系亲密，则应避免使用这类表达，或者也可以换成「大変感謝しています」「新年おめでとうございます」这样的一般性表述。

- **知识点 2：避免使用忌讳语**

在冠婚葬祭等大事上，日本人仍保留着用信件祝福或问候的习惯，但需要注意避免使用忌讳语（「忌み言葉」）。作小文的书信在这一点上把握得很好。

根据写信事由不同，需要注意的忌讳语也不同。例如，"4"读作「し」，和「死」的发音相同，而"9"读作「く」，和「苦」的发音一致。因此，在祝贺类书信中通常需要避免"4"和"9"这两个数字。如果是用于结婚类的祝福，一般会尽量避免使用「別れる」「離れる」等含有"分离"等意思的词语；而问候住院的病人时，一般会尽量避免使用"体弱""病重""再次住院"等词语，如「衰える」「重なる」「苦しむ」等。具体可以参照表 7-5。

表 7-5　日语书信忌讳语

问候场合	忌讳语
结婚祝福	別れる・離れる・飽きる・冷める・終わり・流れる・短い・薄い・再び・もう一度・重ねる・重ねがさね・度々・繰り返す・くれぐれも・再三・近々・皆々様・流れる・失う・破れる・消える・落ちる・早い・短い （尽量避免使用令人联想起"分离""第二次"等场景意象的词汇）
住院问候	衰える・重なる・続く・終わる・消える・再び・度々・繰り返す・またまた・追って・死ぬ・苦しむ・寝る・悪い・長い・滅びる・弱る・折れる・落ちる・尽きる・枯れる （尽量避免使用"体弱""病重""再次住院"等类似的词汇）

● **知识点 3：日本明信片与书信的区别**

根据寄的对象与内容等，正确区分使用明信片与书信至关重要。

明信片就像是写在纸上的备忘录一样，适合交代简单的事项或即使被别人看到也无所谓。而向特定对象传递信息、交流思想感情时，则一般使用书信。

但如果是在见面之前匆忙寄的，或与长辈的关系亲密等，也可以使用明信片。（表 7-6）

表 7-6　日本书信、明信片使用场合

使用书信为佳的场合	使用明信片为佳的场合
◇ 寄送上级 ◇ 庆祝新年活动 ◇ 对他人的问候表示感谢 ◇ 生病、事故、灾害等的探望 ◇ 请求、催促、承诺、拒绝、道歉、商量、激励 ◇ 婚姻（结婚、生孩子等） ◇ 丧事	◇ 寄送亲朋好友或关系亲密的人 ◇ 一般性的庆祝活动（纪念日、乔迁等） ◇ 对祝贺、赠礼表示感谢 ◇ 贺年卡、季节性问候 ◇ 中元节、年末 ◇ 搬家、结婚、生育、退休、调动等的通知及近况报告 ◇ 招待信、指引书 ◇ 丧事缺席、死亡通知

1. 根据提示用日语完成句子

（1）盛夏已至，蝉声起伏。（降りしきる／夏の盛り）
（2）秋高气爽，喜迎丰收。（天高く馬肥ゆる秋／田畑が実る）
（3）唐突去信，还望海涵。（突然／失礼）
（4）贺喜贵行繁荣昌盛。（ますます／申し上げる）
（5）来信已读，感谢挂念。（拝読／心遣い）

2. 阅读理解（结合短文内容回答问题）

　　そして、この不思議な手紙は、ある熱烈な祈りの言葉を以て結ばれていた。

　　佳子は、手紙の半程まで読んだ時、すでに恐しい予感の為に、まっ青になってしまった。

　　そして、無意識に立上ると、気味悪い肘掛椅子の置かれた書斎から逃げ出して、日本建ての居間の方へ来ていた。手紙の後の方は、いっそ読まないで、破り棄ててしまおうかと思ったけれど、どうやら気がかりなままに、居間の小机の上で、兎も角も、読みつづけた。

　　彼女の予感はやっぱり当っていた。

　　これはまあ、何という恐ろしい事実であろう。彼女が毎日腰かけていた、あの肘掛椅子の中には、見も知らぬ一人の男が、入っていたのであるか。

　　「オオ、気味の悪い」

　　彼女は、背中から冷水をあびせられた様な、悪寒を覚えた。そして、いつまでたっても、不思議な身震いがやまなかった。

　　彼女は、あまりのことに、ボンヤリしてしまって、これをどう処置すべき

か、まるで見当がつかぬのであった。椅子を調べて見る？どうしてどうして、そんな気味の悪いことが出来るものか。そこには仮令、もう人間がいなくても、食物その他の、彼に附属した汚いものが、まだ残されているに相違ないのだ。

「奥様、お手紙でございます」

ハッとして、振り向くと、それは、一人の女中が、今届いたらしい封書を持って来たのだった。

佳子は、無意識にそれを受取って、開封しようとしたが、ふと、その上書を見ると、彼女は、思わずその手紙を取りおとした程も、ひどい驚きに打たれた。そこには、さっきの無気味な手紙と寸分違わぬ筆癖をもって、彼女の名宛が書かれてあったのだ。

彼女は、長い間、それを開封しようか、しまいかと迷っていた。が、とうとう、最後にそれを破って、ビクビクしながら、中身を読んで行った。手紙はごく短いものであったけれど、そこには、彼女を、もう一度ハッとさせた様な、奇妙な文言が記されていた。

突然御手紙を差上げます無躾を、幾重にもお許し下さいまし。私は日頃、先生のお作を愛読しているものでございます。別封お送り致しましたのは、私の拙い創作でございます。御一覧の上、御批評が頂けますれば、此上の幸はございません。ある理由の為に、原稿の方は、この手紙を書きます前に投函致しましたから、すでに御覧済みかと拝察致します。如何でございましたでしょうか。若し、拙作がいくらかでも、先生に感銘を与え得たとしますれば、こんな嬉しいことはないのでございますが。

原稿には、わざと省いて置きましたが、表題は「人間椅子」とつけたい考えでございます。

では、失礼を顧みず、お願いまで。匆々。

（节选自：江戸川乱歩『人間椅子』）

（1）佳子を「気味の悪い」と思わせた「恐ろしい事実」は何ですか。

（2）佳子はなぜ、女中に渡された封書にひどく驚きましたか。

（3）最後の手紙によると、その「無気味の手紙」はなぜ佳子まで送られましたか。

3. 写作练习（结合题目要求和本课所学完成写作）

假如你是作小文的同学，请参考本课所学知识点及句型，尝试用日语给老师写一封信，说说你在日语学习中的苦与乐。（使用敬体，不少于450字）

第八课

组织机构：公文写作

场景介绍

在面临大规模的公共卫生事件（疫病等）或紧急自然灾害（地震、洪水等）时，迅速、准确地向公众传递关键信息至关重要。近期学校组织了一次应对大规模突发流感病毒的模拟演练，作小文同学作为一名志愿者，主要负责流感防控中的信息保障工作，需要使用日语为相关部门发布通知和指南等，以此告知公众当前状况、应采取的行动和可获得的资源等。

"通知"通常语言正式、直接，内容简明扼要，重点突出。结构上，一般包括事件概述、紧急行动指示、联系方式或后续信息获取途径等。"指南"则更注重实用性和操作性，语言须清晰易懂，步骤条理分明，以便读者在紧急情况下也能快速理解并执行。

那么，日语公文基本的写作框架是什么？常用的句型有哪些？又有什么需要注意的事项？接下来，让我们跟随作小文同学的脚步，一起学习日语通知及指南类公文的写作方法吧！

先生、来週のボランティア活動の件についてですが、市民の皆さんにより理解してもらえるように、予防対策のお知らせとガイドブックを作ったほうがいいかと思いますが、どうでしょうか。

名案ですね！やり甲斐があると思いますよ。

ありがとうございます！では、皆さんはどうすればいいのか、書いてみます。

あっ、それと、スローガン、つまり標語のようなものも作ってみたらどうでしょうか。短く力強いものにすると、動員力もきっと大きくなると思いますよ。

なるほど一確かにそうですね。やってみます。先生、ありがとうございました！

いえいえ。また何か分からない点があれば、気軽に聞いてくださいね。

（场景会话）

第八课　组织机构：公文写作

一、日语通知类公文写作的文体、语体形式和基本框架

公文是指由政府、公共机构及其他官方单位所发布的正式文件和通知，通常用于传达政府政策、法律法规、行政命令等。常见的日语公文大致可以分为两种：一种是通知类公文，另一种是指南类公文。

通知类公文包括通知、公告等，常见的有机场出入境通知、社区疾病防控公告等。在文体上，主要使用敬体；在语体上，则常以书面语形式呈现，其结构大致如图 8-1 所示。

```
                        ×××（市／番地／…）告示第×号 1
                        （令和）×年×月×日 2
×××様 3
                        ×××  4

        ×××のお知らせ／について 5

        （正文） 6

              記 7
  1. …
  2. …
                              以上 8
```

图 8-1　日语通知类公文结构

(1) 编号：通常以"单位名＋「告示第～号」"形式标注。

(2) 发布时间：年号纪年法或公元纪年法，但须注意全文保持一致。

(3) 接收人：多为非个人的群体，常用「～の皆様」开头。

(4) 通知人署名：多为单位或团体，直接写明组织名称。

(5) 标题：常用「～のお知らせ」或「～について」句型。

(6) 正文：通知内容，使用敬语书写，通常包括寒暄、具体事项、原因说明、解决方法与期待、附录提示、再次请求或表态这六大要素。

(7) 附录：先写上「記」，再以条目形式进行记述，可视具体情况省略。

(8) 结语：一般写「以上」即可，而不使用「拝啓」「敬具」等"头语"和"结语"。

解说

最近一些日本明星在结婚等重要事情上也会委托经纪人帮忙发布"结婚公告"等通知类文书。这类文书在内容构成上不需要标注"编号""标题""结语"，而"发布时间""通知人署名"通常也会放在文章的末尾处。

二、日语通知类公文写作的常用句型

1. 寒暄

平素は／いつも～にご協力／ご支援いただきまして、(誠に) ありがとうございます。(诚挚地感谢您在平日对……的帮助。)

◇ 平素は弊社の運営にご協力いただきまして、誠にありがとうございます。(诚挚地感谢您在平日对敝公司的帮助。)

2. 具体事项

さて、～。(那么……)

◇ さて、具体的な内容を見てください。(那么，请看具体内容。)

第八课　组织机构：公文写作

> **解说**
> 　　即便是公文，也要讲求行文流畅、逻辑清晰，由此才能更具号召力与响应力。因此，在寒暄和具体事项之间加入过渡表达为佳。具体内容可以回顾和参考第七课"写作技巧"部分。

3. 原因说明

調査によると、この度～の問題が発生した原因は～と判明しました。（调查表明，产生本次……问题的原因是……）

◇　調査によると、この度海洋汚染の問題が発生した原因は原発処理水の放出だと判明しました。（调查表明，产生本次海洋污染的原因是核废水的排放。）

4. 解决方法与期待

つきましては、～。（接下来……）

◇　つきましては、予防対策を考えてみましょう。（接下来，让我们想想预防对策吧。）

5. 附录提示

なお、下記の通り～。（另外，如下所述……）

◇　なお、提出必要の材料は下記の通りとなります。（另外，需提交的材料如下所示。）

6. 再次请求或表态

～ようお願いいたします。（还请……）

◇　ご協力くださいますようお願いいたします。（还请配合。）

三、日语指南类公文写作的文体、语体形式和基本框架

指南类公文常见的有办事指南、使用手册等。在文体上，主要使用敬体；在语体上，则常以书面语的形式呈现。

日语指南类公文在形式上类似"常见问题集"，其结构大致如图 8-2 所示。

～ガイドブック／マニュアル[1]

- ×××（問題①）[2]

　　　　　　　××××（回答①）[3]
- ×××（問題②）[2]

　　　　　　　××××（回答②）[3]

图 8-2　日语指南类公文结构

（1） 大标题：常以「～ガイドブック／マニュアル」形式标注。

（2） 小标题：常以名词、名词性短语或疑问句形式表述，并按照逻辑顺序排列。

（3） 正文：常以敬体形式书写，语言上要求通俗易懂，同时可以通过文字和图表结合的方式增加说明的效果。

四、日语指南类公文写作的常用句型

1. 提示条例或注意事项

～すること。（要／必须……）

◇　食事をする時、喋らないこと。（吃饭时不要说话。）

◇　公演中は携帯電話をマナーモードにすること。（演出过程中需要将手机调至静音模式。）

> **解说**
>
> 「～すること」前多接动词原形，常用于句末，是较为正式和郑重的用法。

2. 表达意见或建议

（1）～したほうがいいです。（做……更好。）
- ◇ 前もって説明したほうがいいです。（提前说明清楚比较好。）
- ◇ 学習や娯楽の時間をよく配分したほうがいいです。（合理分配学习和娱乐的时间比较好。）

（2）～てください。（请做……）
- ◇ 頑張ってください。（请加油。）
- ◇ 静かにしてください。（请保持安静。）

（3）～ましょう。（一起做……吧！）
- ◇ 試してみましょう。（一起试试看吧！）
- ◇ 一緒に行動しましょう。（让我们一起行动起来吧！）

（4）～てもらったら／て頂いたら幸い／嬉しいです。（能做……就好了。）
- ◇ お返事してもらったら嬉しいです。（您要是能回复就太好了。）
- ◇ ご指導いただいたら幸いです。（您要是愿意指导我就太好了。）

> **解说**
>
> 「～頂いたら」较「～もらったら」语气更为委婉和客气；「幸い」较「嬉しい」表达敬意的程度更高。

写作范文

蠡湖団地告示第 7 号
令和 6 年 2 月 23 日

団地内の皆様

蠡湖団地自治管理委員会

2024 年 3 月度インフルエンザ予防接種のお知らせ

　平素は委員会の運営にご協力いただきまして、誠にありがとうございます。
　さて、来たる 3 月も引き続きインフルエンザ予防接種を行うこととなりましたので、下記の通りご案内申し上げます。
　なお、実施場所の変更がございますので、ご注意ください。
　ご多用とは存じますが、ご家族、ご近所の方にも呼びかけ、是非全員ご参加くださいますようお願いいたします。

記

1. 日時：3 月中 毎日午前 9 時—午後 8 時
2. 場所：団地緑地公園の裏口＜変更有ご注意＞
3. 持ち物：ID カード、マスク数枚
4. 注意事項：雨天決行。検査場ではマスクをつけ、ソーシャルディスタンスを保つこと。

5. 備考：出張などの都合で参加不可能の方は、是非、前もって書記代理の作小文までご連絡ください。

以上

インフルエンザ予防対策について市民へのガイドブック

◆ インフルエンザとは、どのような症状・徴候を指すのですか？

　主な症状は発熱（通常39℃以上の高熱）、咳、のどの痛み、脱力感です。

　これらの症状は、突然現れることが多く、特に免疫力が低下している人や、高齢者、持病のある人にとっては重症化しやすいです。インフルエンザは通常、接触や飛沫によって感染するため、日常生活での予防対策が重要です。

◆ インフルエンザ予防対策として市民側の基本的な行動ルールとは？

❶ マスクを正確に着用すること

　公共交通機関を利用する時や人混みに入る時などには、マスクを着用してください。

❷ 手洗い・うがいを徹底すること

　外出後や食事前後には、石鹸を使って30秒以上手を

洗い、うがいを行いましょう。手指消毒も有効です。

❸ 規則正しい生活習慣を維持すること

　バランスの取れた食事を心がけ、十分な睡眠を取り、適度な運動を行うことで、免疫力を高めましょう。

❹ 適切な換気と清掃を行うこと

　室内の換気を定期的に行い、空気の流れを良くすることが大切です。また、よく触れる場所（ドアノブ、リモコン、スマートフォンなど）の消毒を行いましょう。

❺ ワクチン接種すること

　インフルエンザ予防対策として、一人一人が健康状態に注意するのみならず、健康を守るために積極的に予防接種にも協力しましょう。

▶ 頑張って　明日(あす)に向かって　踏み出そう ◀

知识点 1：避免模糊的表达

诸如「適当」「適切」「定期」等词汇意思并不明确，如果出现在操作说明书等中，很有可能会让读者难以进行实践活动，甚至造成误解，因此需要注意避免模糊的表达。例如，在作小文同学编写的指南中，「適切な換気と清掃を行うこと」部分有不少模糊的表达，可改为：

◇ 毎日少なくとも 2-3 回、各 15-30 分間、窓を開けて換気することをお勧めします。また、ドアノブや机などの頻繁に触れる物品については、少なくとも 1 日 1 回消毒することを推奨します。（建议每天至少开窗通风 2—3 次，每次持续 15—30 分钟。针对高频接触的物品，如门把手、桌面等，建议每天至少消毒 1 次。）

知识点 2：文体一致及格助词的规范使用

文章中如果出现了表示转折的「～が、～」或表示原因的「～から、～」时，需要特别注意前后文体是否保持一致。若不一致，则需要修改。

另外，在创作标语或口号时，「は」「が」「を」「から」等格助词通常可以省略。

知识点 3：灾害应急防控相关日语词汇

灾害应急防控方面涉及的专业名词较多，一般同学接触和了解都较少，可以参考表 8-1。

表8-1 灾害应急防控相关日语词汇

日文	意思
インフルエンザ（インフルエンザ）	流感
感染（かんせん）	感染
感染拡大（かんせんかくだい）	感染扩散
予防接種（よぼうせっしゅ）	预防接种
ワクチン	疫苗
症状（しょうじょう）	症状
発熱（はつねつ）	发热
咳（せき）	咳嗽
喉の痛み（のどのいたみ）	喉咙痛
手洗い（てあらい）	洗手
うがい	漱口
マスク着用（マスクちゃくよう）	戴口罩
ソーシャルディスタンス	社交距离
体温測定（たいおんそくてい）	测量体温
消毒（しょうどく）	消毒
自宅待機（じたくたいき）	居家待命
防災（ぼうさい）	灾害预防
防災グッズ（ぼうさいぐっず）	防灾物资
避難場所（ひなんばしょ）	避难场所
震度階級（しんどかいきゅう）	震度等级
余震（よしん）	余震
津波警報（つなみけいほう）	海啸警报
洪水（こうずい）	洪水
浸水（しんすい）	淹水

续表

日文	意思
デマ	网络恶意谣言或虚假资讯
インフラ	基本设施
ハザードマップ	综合防灾地图
液状化現象（えきじょうかげんしょう）	土壤液化现象
緊急事態宣言（きんきゅうじたいせんげん）	政府紧急情况宣言
通行止め（つうこうどめ）	禁止通行
行方不明（ゆくえふめい）	下落不明
支援義援金（しえんぎえんきん）	救济金
緊急連絡（きんきゅうれんらく）	紧急联络

课堂练习

1. 根据提示用日语完成句子

（1）非常感谢一直以来对本公司的支持。（平素／頂く）
（2）据调查，本次火灾发生原因为机器故障。（～によると／判明する）
（3）饭前要好好洗手。（～すること）
（4）另外，请确认以上事项后在此处签名。（なお／署名）
（5）如不方便参加会议，请提前用邮件联系负责人。（～てください）

2. 阅读理解（结合短文内容回答问题）

「本物の価値を残す、伝える。」
壊される運命にあった明治建築を移築することで
明治時代の人々の想いを後世に繋げていく。

　博物館 明治村は、明治建築を保存展示する野外博物館として、愛知県犬山市郊外、入鹿池に面した美しい風景の丘陵地に昭和40年に開村しました。
　これまでに移築・復原した建造物の数は現在60を超え、この地を訪れる人々が明治の新しい形と心を発見し、体験することができる学びの場・レクリエーションの場となっています。

明治村ができるまで

第八课　组织机构：公文写作

- **取り壊される建築物の移築・復原**

　明治時代の建築は、江戸時代から継承した木造建築の伝統と蓄積の上に、新たに欧米の様式・技術・材料を取り入れることで近代建築の素地を築き、芸術上、歴史上価値あるものも数多く生み出されました。

　しかし、震災や戦災、そして、戦後の産業の高度成長によって生じた大小の公私開発事業により、さらなる時代の変化とともに姿を消していくこととなります。

　それを受けて、旧制第四高等学校同窓生であった谷口吉郎博士（博物館明治村初代館長）と土川元夫氏（元名古屋鉄道株式会社会長）は、取り壊されてゆくこれらの文化財を惜しみ、その保存を計るため、二人で協力し合い『博物館 明治村』が創設されたのです。

- **残すだけでなく、価値を伝える**

　明治村では、解体されていく建造物の中から価値あるものを選び、順次移築・復原を行いました。建造物では11件が国の重要文化財、1件が愛知県の有形文化財、歴史資料では、2件が国の重要文化財に指定され、その他、ほとんどの建造物が国の有形登録文化財に登録されています。

　移築した建造物は文化財としての価値が最もよく発揮されるように配置され、周囲の苑路や庭園、植樹などを配慮して村の環境を創作しています。それぞれの建築は室内に家具調度等を陳列して公開するだけでなく、その建物に関連する資料や明治時代の歴史資料の展示も行っています。

> さあ、明治村を楽しもう！

　入鹿池のほとり、自然豊かな環境のなかで四季折々、表情を変える明治村。

　広大な敷地には季節ごとに様々な花や木々が村を彩り、風光明媚な美しい風景をお楽しみいただけます。

• 春

　梅、桜、ハナミズキ、ツツジ、ハクモクレンなど、様々な花が咲き乱れる季節。

　例年、桜は3月下旬から正門付近などのシダレザクラ、4月初旬はSL名古屋駅付近をはじめ村内各所に植えられたソメイヨシノ、そして4月中旬には隅田川新大橋付近の八重桜など、約1,000本の桜をそれぞれの時期ごとに楽しむことができます。

　芝生の上でのピクニックもおすすめです。

• 夏

　青々と茂った木々が美しく、風薫る季節。

　村内各所では紫陽花や朝顔、向日葵など夏の色鮮やかな花が咲き誇ります。

　また、毎年「宵の明治村」を開催し、夜21時まで開村。歴史的な建築物をバックに鮮やかな花火もお楽しみいただけます。

　浴衣姿で風情ある夕涼みを楽しんでみてはいかがでしょうか。

• 秋

　木々が赤や橙に染まる、美しい紅葉が楽しめる季節。ススキの穂が出て、ハギの花が咲き乱れ、ヤマガキが赤く熟れると、秋風が一段と感じられるようになります。

　お子様には村内中に落ちているどんぐりや松ぼっくり拾いが人気です。

　金木犀の香りに包まれながら、村内の散策をしてみてください。

• 冬

　澄み切った空気とやわらかい光の効果で、建物がとても美しく見られる季節です。生垣のサザンカが赤や白の花をのぞかせ、2月には梅が咲き乱れます。

　クリスマスには、各教会はデコレーションされ、クリスマスミサ・コンサートなども開催。お正月には村内各所に全国各地の門松やしめ縄で由緒正しい日本の風景が広がります。

（节选自：博物館明治村公式サイト）

（1）マニュアルによると、明治村は何として、いつ・どこで開村しましたか。

（2）何のために明治時代の建築は取り壊されて姿が消えていきましたか。

（3）秋の明治村では、子供に人気があるイベントは何ですか。

3. 写作练习（结合题目要求和本课所学完成写作）

假设你是学生会干部，请参考本课所学知识点，尝试用日语撰写一份日语能力水平考试通知、一份不少于5个要点的考场守则，以及一条有关诚信的考试标语。（整体不少于600字）

第九课

网络社交：评论写作

场景介绍

预防流感手册制作完成后，学校老师委托作小文同学帮忙在日本网站上购买一些应急的防护用具，她运用日语与线上商家进行了顺畅的沟通，物资如数、按时送达。为了对商家表示感谢，学校老师委托作小文同学在网上撰写一段对商品及商家服务的评论，以此对商家表示感谢。

网络评论是指通过互联网，针对某一话题、事件、人物等所发表的公开意见，具有传播快速、言论自由、互动性强等基本特征。网络评论影响力巨大，在形成网络舆论氛围、聚焦公众关注点及促进公众互动中扮演着重要的角色。

日语网络评论写作中有哪些专门的词汇和句型？如何有效发表自己的评价或评论？让我们一起来看看作小文同学如何完成本次写作任务吧！

先生、大変です。

どうしましたか。何か問題がありましたか。

昨日、出品者に連絡しましたが既読スルーされました。どうしよう―

ちょっと落ち着いてください。出品者はただ忙しかったり、返信する時間がなかったりしたのかもしれません。もう一度メッセージを送ってみたらどうですか。

そうですね。もう一度送ってみます。

…あ、やりました！メッセージがきました。

そうですか。よかったですね。

（场景会话）

一、日语网络评论写作的文体、语体形式和基本框架

网络评论是指通过网络媒体就当前新闻事件或事态发表评价性意见的一种形式。在文体上，根据交际对象和交际目的不同，可以灵活选择使用敬体或简体；而在语体上，一般倾向使用口语。

网络评论的结构框架也灵活多样，因人而异，因事而异，大致可分为开头、正文和结尾三大部分。

（1）开头：寒暄、打招呼，进行自我介绍，并向对方表示感谢或对自己的叨扰表示歉意。

（2）正文：说明联络的意图，提出要求或表达想法等。

（3）结尾：对占用对方的时间让对方阅读消息表示歉意，并对对方的回复表示期待。

二、日语网络评论写作的常用句型

1. 自我介绍

- はじめまして、いつもブログを拝見させて頂いております。鈴木です。（初次见面，我是铃木。我是您博客的粉丝。）
- コメント失礼いたします。鈴木と申します。（冒昧评论不好意思，我是铃木。）

2. 寒暄致谢

- いつも学ばせていただいております。ありがとうございます。（我总是能学到很多，谢谢您。）
- いつも楽しく拝見しております。ありがとうございます。（我总是读得很开心，谢谢您。）
- コメントありがとうございます。そこをわかってもらえたのは、とても嬉しいです。かなり自信がつきました。（谢谢您的评论。我很高兴您能理解这一点。我对此也更加有自信了。）
- たくさんのコメントをありがとうございます。みなさんの声に励まされて、ブログを頑張って続けていきます。少しでもお役に立てることができたら嬉しいです。これからも、どうぞよろしくお願いいたします。（感谢各位的评论。有了大家的鼓励，我才得以继续运营这个博客。如果我的博客能为大家帮上哪怕是一点忙，也深感荣幸。今后也请大家多多关照。）
- 貴重なご意見をありがとうございました。今後ともよろしくお願いいたします。（谢谢您宝贵的意见。今后也请多多关照。）

3. 表示请求

- 突然のお願いで申し訳ございませんが、私のブログの紹介をお願いできませんでしょうか？（很抱歉冒昧提出如此要求。能否请您为我的博客做介绍呢？）
- もちろん、お支払いをさせていただきますので、お手数おかけしますが掲載料はおいくらになりますでしょうか？（当然我会支付费用。很抱歉打扰您。如果方便的话，请问发布费用是多少呢？）
- その件についても詳しくお聞きしたいので、記事作成など検討して頂けると嬉しいです。（我也想详细了解那件事。如果您能考虑撰写文章，我将不胜感激。）

4. 表达感想

- 勉強になりました。（我受益匪浅。）
- ブログを始めようと考えていたのですが、サーバーはどこを使うべきか迷っていました。そのため、エックスサーバーがオススメだと書かれていて非常に勉強になりました。ありがとうございます。（我正考虑开一个博客，但苦于不知道该用哪里的服务器。您推荐的××服务器让我学到了很多。非常感谢。）

5. 期待回复

- ご返事いただけますと幸いです。（您要是能回复就太好了。）
- 新作について聞きたいので教えてください！返信待っています！（我想了解关于新作品的更多内容。期待您的回复！）

6. 结尾致谢

- また機会がございましたら、何卒よろしくお願いします。（如果有机会再联系的话，还请多多关照。）

解说

在用日语进行网络评论时，务必要注意"己所不欲，勿施于人"。遵守法律法规，切忌造谣和诽谤，同时注意文明礼貌用语，以平等的姿态友好交流，切勿将自己的想法强加于他人。

互联网时代还出现了很多具有特殊意义的网络词汇与流行语。

例如，日语中的「いいね」相当于中文中的"点赞"，在社交媒体中使用率非常高，主要被用来表示对帖子、视频等的赞赏和支持；「既読スルー」表示已读不回；「相互フォロー」表示互相关注；「リポスト」表示转发；等等。

日语网络词汇及流行语数量庞大，可以参考表9-1和表9-2。

表 9-1　日语常用网络词汇

日文	解释
いいね	点赞
DM（ダイレクトメッセージ）	"DM"是"Direct Message（「ダイレクトメッセージ」）"的简称，是指在社交媒体上私下发送信息的功能，也就是通常所说的"私信"。这些信息不会公开显示在用户的主页上，只有发送和接收信息的两人能够看到
SMS（ショットメッセージ）	短消息
TL	指"时间线"（timeline），指社交平台上个人主页显示用户关注的其他用户发布的内容的界面
フォロー	关注
相互フォロー	互相关注
リポスト／リグラム	转发
リプ（リプライ）	回复
ハッシュタグ	主题标签
タグ付け	标签链接
受信	收信
アイコン	图标
スタンプ	表情包
ブロック	屏蔽
既読スルー	「スルー」是英文"through"的音译。这个词的意思是已读不回，指不回应已阅读的信息，在日语中同样可以表达为「既読無視（きどくむし）」。

表 9-2 "名词/拟声词/外来语+る"型流行语

日文	解释
タピる	「タピオカ」+「る」，意为"喝珍珠奶茶"
バズる	「バズ」是英语"buzz"的音译词，原意指蜂鸣。「バズる」指某事物在短时间内吸引大量的注意，有"爆红，成为爆款"的意思
リムる	「リム」是英语"remove"的音译缩略语。有从好友列表中删除某人、拉黑某人的意思
ROMる（ろむる）	ROM 是"Read Only Member"的缩写，指只阅读不发言的人，这种行为在中文网络语言中叫作"潜水"
コスる	表示进行 cosplay 的动作

写作范文

落札直後の取引（商品を落札した後、出品者への連絡）

　初めまして、落札させていただきました作小文と申します。どうぞ宜しくお願いします。入金先の口座などがわかりましたら即日、振込させていただきます。それでは宜しくお願いします。

出品者を評価する

　迅速に対応していただきありがとうございました。今日の午前中、確かに商品を受け取りました。
　中国からの落札なので、初めはお互いに意思の疎通に少々詰まったところがありますが、積極的な対応で、順調に解決しました。商品も紹介の通り新品で、数も送付時間も約束通りでたいへん助かりました。
　インフルエンザで大変な時期ですが、とても丁寧で感じの良い出品者に出会い、とても嬉しかったです。また機会がございましたら、どうぞよろしくお願いいたします。

第九课　网络社交：评论写作

范文点评

- **知识点1：评价内容有待完善**

　　除了针对卖家的服务态度、商品的质量和到货时间进行评价，还可以增加一些使用商品后的感受或对商品的意见、建议等，使评论内容更加客观、充实和饱满，具备一定的参考价值。例如，在作小文同学的评价中可以增添如下内容：
- ◇ 商品は説明通り新品で、値段は安い上に使い勝手もとても良いです。（商品符合说明，全新且价格便宜，使用非常方便。）
- ◇ 配送は時間通りに届きましたが、梱包は大雑把で、商品にも説明したことのない傷みがあります。（发货准时，但包装粗糙，商品还有隐瞒的瑕疵。）

- **知识点2：日语敬语表达**

　　涉及商品交易等时，通常要求语言正式得体，且多用敬语，避免缩略表达（关于缩略表达可参考第五课"范文点评"部分），以示对对方的尊重和自己对该行为的重视。

　　敬语指日语中用于表示对对方的尊敬、礼貌及表达自己谦逊的态度。为了让日语使用者更准确理解现代日语敬语的用法和作用，2007年日本文化审议会制定了《敬语指南》，将日语敬语划分为五大类：尊敬语、谦让语Ⅰ（谦让语）、谦让语Ⅱ（郑重语）、礼貌语、美化语。

　　由于篇幅原因，在此仅简单总结尊敬语、谦让语及郑重语的区别（表9-3），更多具体内容请参考教材附录二。

表 9-3　尊敬语、谦让语及郑重语的区别

原形	尊敬语	谦让语	郑重语
もらう	お受け取りになる お納めになる	いただく 頂戴する	—
話す・言う	おっしゃる	申し上げる	申す
来る	おいでになる いらっしゃる 見える	伺う	参る
行く	おいでになる いらっしゃる	伺う	参る
知る	お知りになる ご存知だ	承知する	存じる
する	なさる される	いたす	いたす
いる	いらっしゃる おいでになる	—	おる
食べる	召し上がる おあがりになる	いただく 頂戴する	—
教える	お教えになる	お教えする	—
尋ねる	お尋ねになる お聞きになる お伺いする	お尋ねする お聞きする	—
電話する	お電話なさる お電話される	お電話差し上げる お電話申し上げます	—
読む	お読みになる	拝読する	—
見る	ご覧になる	拝見する	—
待つ	お待ちになる お待ちくださる	お待ちする	—
休む	お休みになる 休まれる	お休みさせていただく	—
忘れる	お忘れになる	失念する	—
伝える	お伝えになる 伝えられる	申し伝える	—
書く	お書きになる	お書きする	—
考える	お考えになる ご高察なさる	拝察する 愚考する	—

- **知识点 3：在社交媒体上拉近距离的语言表达**

　　无论是否涉及商品交易，如果交谈过程较为愉快且顺利，则可以考虑通过语言表达适当地拉近与对方之间的距离。例如：

✧ なんだか感動しました。（总觉得很感动。）
✧ そういう気遣いにグッときます。（我被您的关心感动了。）
✧ いつもお気遣いありがとうございます。（谢谢您一直以来的关心。）
✧ ○○さんの優しさがにじみ出ていますね。（您很温柔。）
✧ ○○さんの言葉、しっかりと胸に刻みました。（您的话语让我刻骨铭心。）
✧ ○○さんからのコメントがくると嬉しくなります。（每次收到您的评论，我都很高兴。）
✧ ○○さんのおかげで、あたたかい気持ちになれました。（托您的福，我的心情也变好了。）
✧ ○○さんのコメントに、いつも元気をもらっています。（我总能从您的评论中受到鼓励。）
✧ 私も○○さんのブログ／商品の更新を楽しみにしています。（我很期待您的博客/商品更新。）

课堂练习

1. 根据提示用日语完成句子

（1）确认收到货物了。（品物／受け取る）

（2）感谢购买，欢迎下次光临。（この度／ご縁がある）

（3）看这款游戏的人气，一定会有续作。（～に違いない）

（4）我认为这部电影是一部无论男女老少都能欣赏的杰作。（～を問わず）

（5）即使添加了很多新的功能，也并不是所有功能都是必要的。（～わけではない）

2. 阅读理解（结合短文内容回答问题）

　　コメントのほとんどが〈元気でしたか〉〈待ってました〉と心配する文章で始まっていて、炎上騒ぎがあってからたしかにSNSに投稿する頻度が減っていたなと思った。タカさん、虚無僧ちゃん、明仁くんの鴨ちゃん（通称鴨ちゃん）、のどぐろ飴さん、ひとつひとつ返信し、いつも通り一番長い文章を書いてくれている、同じ真幸くん推しのいもむしちゃんに返信する。彼女は日によって〈はらぺこいもむし〉〈いもむし生誕祭〉〈イモムシ＠傷心中〉などとアカウント名を変えていて、今はさつまいもとゲジゲジの絵文字が並んでいる。

　〈あかりん～！

　待ってたよおお、最近更新ないから寂しくてひからびてたしなんなら供給なさすぎて過去記事読み返してたから、カウンターめっちゃ回ってたら犯人わたしです、ごめんよ笑

　記事めっちゃ共感した！

　心配だし不安だけど無駄に噂にひっぱられたくないよね～～～、あかり

んが言ってくれて安心したわ。ほんとあかりんって文章が大人っていうか、優しくて賢いお姉さんって感じよな。これからも楽しみにしてる！

真幸くん最近人気落ち気味だけど今こそファンの底力を見せないとだよね、がんばろまじで!〉

〈いもむしちゃんコメントありがとう〜。おまたせしてごめんね、でもうれしいな笑

いやいや、大人っぽくなんかないよ….。そうだね、いろいろあるけどがんばろう!〉

いもむしちゃんの文面からは愛嬌と勢いが滲み出ている。年齢も学校も住んでいる地域ももちろんばらばらで、彼女ともその他の人とも推しやまざま座のファンであるという一点だけで繋がった。それでも、朝起きてあいさつし、月曜日の朝に不平不満を言いながら通勤通学し、金曜に「推しを愛でる会」と称して自分の推しのお気に入りの写真をひたすら投下し合って、あれもそれもかわいいやばいと言いながら一緒に夜を更かしているうちに、画面越しに生活を感じ、身近な存在になった。あたしがここでは落ち着いたしっかり者というイメージで通っているように、もしかするとみんな実体は少しずつ違っているのかもしれない。それでも半分フィクションの自分でかかわる世界は優しかった。皆が推しに愛を叫び、それが生活に根付いている。

〈風呂だる〜〜〉

〈元気出して、推しが待ってるよ〉

〈やだ無理最高、行ってくる〉

〈クラス会のカラオケ、ばりばり推しソロ入れてきたわ〉

〈うけるどうだった〉

〈中途半端に陰キャなので沈黙〉

〈勇者〉

〈泣くなよ〉

推しは、いつか引退したり、卒業したり、あるいはつかまったりして急にいなくなる。バンドメンバーなんかになると突然亡くなったり失踪する

こともあるらしい。推しとの別れを想像するとき、あたしはここにいる人たちとの別れも一緒に考える。推しで繋がったから、推しがいなくなればばらけていくしかない。成美みたいに途中で別のジャンルに移っていく人もいるけど、あたしは推しがいなくなったときに新しく別の推しを見つけられるとは思えなかった。未来永劫、あたしの推しは上野真幸だけだった。彼だけがあたしを動かし、あたしに呼び掛け、あたしを許してくれる。

（节选自：宇佐美りん『推し、燃ゆ』）

（1） いつも通り一番長い文章を書いてくれている、同じ上野真幸推しのは誰で、今はどのようなアカウント名をしていますか。

（2） 金曜の「推しを愛でる会」はどのようなイベントですか。

（3） クラス会のカラオケにばりばり推しのソロ曲を入れてきた結果はどうでしたか。

3. 写作练习（结合题目要求和本课所学完成写作）

假设你喜爱的作家通过网络平台发表了新作品，对此请参考本课所学知识点，尝试用日语完成一篇网络评论。（不少于400字）

第九课　网络社交：评论写作

③ 工作篇

第十课

实习面试：应聘申请书写作

场景介绍

寒假如约而至，作小文同学得知国家博物馆正在招聘日语兼职讲解员，热爱传统文化的她决定应聘。作为日语水平的考核项目之一，博物馆还要求应聘者填写一份日语应聘申请书（「エントリーシート」，简称 ES）。

日语应聘申请书指在日本企业或单位的招聘过程中，求职者提交的一种申请材料。通常包括求职者的基本信息、自我介绍、经历和成就、申请动机等内容。日本企业或单位通常由此初步筛选合格的应聘者，并决定是否邀请其参加下一轮的面试。

那么，日语应聘申请书与中文的简历有什么区别？日语应聘申请书有哪些常用的句型？日语应聘申请书又该如何吸引招聘者，给招聘者留下良好的印象？带着这些问题，让我们和作小文同学一起来学习日语应聘申请书的写作技巧吧！

先生、私は国家博物館のナレーターになりたいんですが、経験があまりないので受けられるかと心配していますが…

そうですね。ナレーターという仕事は経験が必要な場合もありますからね。では、まずはとにかくエントリーシートを書いてみましょう。

分かりました。エントリーシートを準備します。

老师

作小文

エントリーシートは自己PRの場ですから、自分のやる気や、人と違う自分の魅力をアピールすることが大切です。頑張って書いてくださいね。

はい、試してみます。先生、ご指導ありがとうございました。

（场景会话）

一、日语应聘申请书写作的文体、语体形式和基本框架

日语应聘申请书主要是向企业或单位介绍个人的教育背景、工作经历、兴趣爱好、技能特长与对申请职位的理解和期望等内容，属于正式文书，因此在文体上多使用敬体，语体上则以书面语为主，并多采用第一人称。

如表10-1所示，一份标准的日语应聘申请书通常由基本信息、自我介绍、经历和成就、申请动机四大部分构成。

表10-1　日语应聘申请书

ふりがな		性別	（写真）
氏名		男・女	
生年月日（西暦）	年　　　月　　　日　生まれ（満　　歳）		
ふりがな			
現住所	〒　　－ 電話：自宅　（　　）　　／携帯　（　　）		
e-mail			
学歴	入学年月	学校名（高校から記入）	
	年　月		
	年　月		
	年　月		
大学・学部・学科			
興味のある科目			

续表

ゼミ・研究室名 担当教授名 ゼミ研究テーマ	
保有資格	
留学・海外在住経験	
語学力	TOEIC　　　　　TOEFL　　　　　その他
クラブ・サークル	
趣味・特技	
アルバイト経験	
自分の長所・短所	
学生時代に努力・注力したこと	
志望動機	
その他・特記事項	

（1）基本信息（「基本情報」）：包括个人的姓名、联系地址、联系电话、电子邮箱等基本信息和教育背景。

（2）自我介绍（「自己PR／自分の長所・短所」）：展示个人特长、技能和优势，应聘者应突出自己与应聘职位相关的能力和优点，以吸引招聘者的注意。

（3）经历和成就（「ガクチカ／学生時代に努力・注力したこと」）：应聘者需要总结自己的主要学术成就和社会实践经验，强调自己在学习和工作中的突出表现，可以展示资格证书、获奖证书等重要的证书。

（4）申请动机（「志望動機」）：应明确说明应聘者对公司或职位的兴趣，阐述为什么选择该公司，说一说个人的职业目标和发展计划。

第十课　实习面试：应聘申请书写作

> **解说**
>
> 　　在表格上选定信息时（如性别等），需要注意日本习惯画圈，并非打勾。
>
> 　　此外，「ゼミ・研究室名／担当教授名／ゼミ研究テーマ（所属研究会／指导教授／研究题目）」模块主要面向硕博研究生，但随着本科生对科研活动的重视度有所上升，越来越多的本科生参与到科研活动中来，因此可以依据实际情况进行填写。

二、日语应聘申请书写作的常用句型

1. 自我介绍：应聘者的相关能力和优点等

（1）私の強み／長所は～です。（我的优点是……）
　　◇　私の強みは語学能力が優れていることです。（我的优点是语言学习能力强。）

（2）～に強いです。（我擅长……）
　　◇　運動に強いです。（我很擅长运动。）

（3）私の弱み／短所は～です。（我的缺点是……）
　　◇　私の弱みはこだわり過ぎてしまう点です。（我的缺点是太过挑剔。）

（4）～に弱いです。（我不擅长……）
　　◇　ダンスに弱いです。（我不擅长跳舞。）

（5）～ができます／できません。（我能够／不能够……）
　　◇　車を運転することができます。（我会开车。）

2. 经历和成就：为达成某个目标进行了什么行动

（1）～ことは～です。（……的事情是……）

✧ 学生にとって、勉強することは大切です。（对于学生而言，学习是很重要的。）

（2）～について～。（关于……）

✧ 大学から日本の経済についての内容に興味を持っています。（我从大学起就对日本经济的相关内容感兴趣。）

（3）～を通じて、～。（通过……）

✧ アルバイトを通じて、いろいろ勉強になりました。（通过打工学到了很多。）

（4）～には、～が求められます。（成为……要求……）

✧ 高校の先生には、強い専門知識が求められます。（成为高中老师要求过硬的专业知识。）

> **解说**
>
> 要注意不可以将「自己PR」与「ガクチカ」的内容混为一谈。「自己PR」意在了解申请人对自身能力的认识；而「ガクチカ」则意在了解应聘者的思考和行为方式。

3. 申请动机：想要进入该公司的理由

（1）～に携わりたい。（想从事……）

✧ 卒業した後、IT産業に携わりたいです。（毕业后想从事IT行业。）

（2）～に高い関心を抱いています。（对……有很大的关注。）

✧ その後、私は体育の発展に高い関心を抱いています。（在那之后，

我一直对体育的发展保持着较大的关注。）

（3）～に貢献していきたいと思っています。（我想为……做贡献。）
✧ 海洋汚染の防止に貢献していきたいと思っています。（我想为防止海洋污染做出贡献。）

> **解说**
>
> **简历 vs 应聘申请书**
>
> 　　同学们可能会发现应聘申请书和简历的格式相差不大，的确有部分日本企业将其二者合二为一。但如果被要求同时提供这两份材料的话，同学们心里一定要清楚应聘申请书和简历的写法有什么不同。
>
> 　　简历主要记录个人的基本情况，填写内容具体；应聘申请书则需要更多地体现个人性格、可塑性及对这份工作的热情，比起填表格更像讲故事，可以有省略、有侧重（姓名、学历等基本信息不能随意更改）。
>
> 　　如果说简历是在画龙，那么应聘申请书就是在点睛，构建出申请人鲜活的形象。

写作范文

国家博物館エントリーシート

ふりがな	さく　しょうぶん	性別	
氏名	作　小文	男・㊛	
生年月日（西暦）	2003年 5月5日 生まれ （満 21 歳）		
ふりがな	こうそしょうむしゃくしひんこく　　むしゃくだいがく		
現住所	〒100－0001 江蘇省無錫市濱湖区蠡湖大道1800号江南大学20棟101室		
携帯電話	12345678912	e-mail	zxw@gmail.com
学歴	入学年月	学校名（高校から記入）	
	2020年9月	無錫高校	
	2023年9月	江南大学	
大学・学部・学科	江南大学　外国語学部　日本語学科		
興味のある科目	国語・歴史・英語		
保有資格	普通自動車運転免許　取得		
留学・海外在住経験	なし		
語学力	CET-4 スコア600点　取得　　日本語能力試験2級　合格		
クラブ・サークル	翻訳サークル		
趣味・特技	スポーツ・読書・旅行・翻訳		
アルバイト経験	研究室助手		

续表

自分の長所・短所	私の強みは、決断したことをやり通し、諦めない意志が強いことです。そして初対面の人とでも、人見知りせずに話ができます。 一方、私の弱みは時に、形式や細部にこだわり過ぎてしまう点です。例えば部活で意見が分かれば際に、一人一人の考えを反映しようと思い判断を鈍らせてしまったことがあります。数値的に合理的に判断しずらい物事の難しさを痛感した経験でした。今後は合理性だけでなく、もっと全体を見るバランス力を高めて物事に取り組んでいきます。
学生時代に努力・注力したこと	大学で最も力を入れて取り組んだことは、翻訳サークルの活動です。 私は日本語専攻ですが、英語が得意であったため、翻訳に挑戦することにしました。当初は、翻訳に必要な知識や技術について全く知識がありませんでしたが、仲間と共に勉強し、少しずつ成長していくことができました。大学の活動「中日平和友好条約締結52周年記念活動——中日伝統服装フェスティバル」の準備にも参加しました。私はポスターの制作や広報活動など、様々な仕事を担当し、多くのことを学びました。特に、協力者とのコミュニケーションやスケジュール管理の重要性について学びました。 このように、私は翻訳サークルでの活動や大学の活動を通じて、コミュニケーション能力や語学力を磨くことができました。博物館での日本語説明係という仕事には、語学力やコミュニケーション能力が求められます。私はこれらのスキルを持ち合わせており、博物館での仕事に活かすことができると自信を持っています。

续表

志望動機	私は仕事を通じて、社会を支えている実感を持ちたいと思っており、貴館が掲げる国際交流事業に携わりたいと考えました。 　近年「三星堆」が考古学上の一大ブームとして、世界中で注目を集めています。さまざまな文化交流の機会で、世界が中国文化をより正確に、はっきりと理解できる役割や意義が、今後さらに高まっていくと感じています。特に私は民俗美術に高い関心を抱いています。民俗美術は各地域の習俗と合わさったことで地域ごとに独自に発達し、生活に密着して生き生きした雰囲気を持っていることに魅了されました。「地域の文化は世界の文化」という概念をより理解してきました。 　ここ十数年、中国の歴史や芸術は海外へ展開の歩みを加速していますが、それに対応する国際交流部門を有していることも、貴館を志望する理由です。中国文化のPRに力を入れる使命を担う国際交流部門の一員として、貴館がこれから開催する中日交流史展覧会に貢献していきたいと思っています。
その他・特記事項	特になし

范文点评

● 知识点 1：优缺点展示详略得当

在「自分の長所・短所」一栏中，作小文同学虽然既展示了个人优点、长处，也对个人缺点、短处进行了说明，但从内容详略上来看，缺点部分阐述过多，优点部分缺少具体的事例支撑。因此，尽管列举了两项优点及一项缺点，却给招聘者一种缺点多于优点的感觉，不利于让人留下良好的印象。

同学们可以尝试完成下表，先找找适合描述自己的词语，再想想对应的事例，帮助我们正确认识自我，进而进行有效的自我介绍，同时也利于我们在后续的面试环节中"有话可谈"。

项目	ポイント	事例
長所・強み		
短所・弱み		

● 知识点 2：对目标单位有一定的了解

作小文同学在「志望動機」部分除了个人动机，还谈到了希望对方能为自己提供什么条件，并由此进一步说明自己能为对方做什么，对目标单位有较为清晰的认知。

正所谓"知己知彼，百战不殆"。除了对自己有正确的认知，我们也可以像作小文同学一样提前着手调查目标单位，例如，对方的企业文化或待遇，

并将其有机融入我们的应聘申请书之中。这不仅让我们在写应聘申请书的过程中有更加明确的指向,让招聘者感到应聘者的用心与认真,加深良好印象,还方便我们同时准备后续面试环节的自由提问内容,避免"无问可提"的尴尬场面。

● **知识点 3:注意叙述逻辑与排版**

日语应聘申请书可以说是"书面面试"。因此,诸如本课的「自分の長所・短所」「学生時代に努力・注力したこと」「志望動機」部分,如果发现目标单位所提供的应聘申请书中某些栏目留白空间较多,可以大胆猜测这是对方对我们进行第一轮"面试提问"的重点内容,需要我们格外注意叙述逻辑及排版。具体写作技巧如下:

✓ 避免长难句,做到通俗易懂。
✓ 灵活换行或使用「■」「●」等项目符号辅助进行分点阐述,突出重点。
✓ 厘清叙述逻辑。具体可参考表 10-2。

表 10-2　应聘申请书各部分叙述逻辑

项目	逻辑方法	解释
「自分の長所・短所」	总—分—总	开篇写结论,再辅以具体事例支撑,最后总结和升华。
「学生時代に努力・注力したこと」	结论(Point) 理由(Reason) 具体事例(Example) 结论(Conclusion)	先用一句话概括学生时代的经历及取得的个人成就,然后说明这样做的原因,随后列举具体的举措,最后阐述积累的经验、增长的能力及怎样学以致用等。
「志望動機」	必要性 重要性 可能性	想要进入这家单位的理由是什么? 为什么选择了这家单位而不是其他单位? 对进入这家单位后的职业生涯,最看重的是什么?

例如,作小文同学的应聘申请书中「自分の長所・短所」部分就可以在有足够空间的前提下进行如下调整。

私の強みは決断したことをやり通し、諦めない意志が強いことです。【总：概括优点】
　　昔、…【分：列举出具体事例】
　　だから、…【总：在工作中如何发挥该优点】
　　　　　　　【空1—2行】
　　一方、私の弱みは時に、形式や細部にこだわり過ぎてしまう点です。【总：缺点概括】
　　例えば、部活で意見が分かれば際に、一人一人の考えを反映しようと思い判断を鈍らせてしまったことがあります。数値的に合理的に判断しずらい物事の難しさを痛感した経験でした。【分：列举出具体事例】
　　したがって、今後は合理性だけでなく、もっと全体を見るバランス力を高めて物事に取り組んでいきます。【总：如何克服该缺点】

课堂练习

1. 根据提示用日语完成句子

（1）毕业后，我想从事教育行业。（～に携わりたい）

（2）通过打工，我认识了许多朋友。（～を通じて）

（3）对于教师来说，掌握教育相关的理论知识是至关重要的。（～にとって／～に関する）

（4）成为一名出色的外交官要求会说两门以上的外语。（～には、～が求められる）

（5）我要努力学习日语，致力于中日两国关系的发展。（～に貢献したい）

2. 阅读理解（结合短文内容回答问题）

人の世になによりも楽しいものは仕事である。張り合いのあるものは仕事である。もしも私たちにすることが与えられてなかったら、毎日どんなにつまらないものだろう。

田園の人は、きょう耕した畑に、あすは種子をまこうと思って楽しく眠る。織りかけている機は、あすは終わるであろうと、ある人は待ちのぞむ。市の人は朝はやく起きて店を飾り、またある人々は足を早めて、事務所に工場にいそぐ。緑の畑が麦を産し、涼しい青田が米になる。われらの労作は楽しいものである。

そうしてその楽しい仕事のなかでも、多くの愛らしい赤ん坊が、よい子供に、よいおとなに育ってゆこうとする仕事を、手伝ってやる仕事ほど、楽しい仕事はないだろう。自分の手のなかにある赤ん坊ばかりでなく、わが子、他人の子、世界中の揺籃を考えてみよう。そこに人生の涼しい青田がある。私たちはその農夫である。なんという大きな事業であろう。なんとい

う楽しい仕事であろう。

　そこに虫の害があるではないか、旱魃があるではないか、洪水があるではないか、大風があるではないかとある人はいうだろう。自然を相手の仕事は、一面じつに正直であり、一面じつに冒険である。人の生（いのち）も大いなる自然物である。よい種子をまいてよく育てたら、法則にしたがって時も違えず美しく伸びてゆくはずである。しかし古往今来、本当にわが子を立派に育てた親が幾人あるだろう。無数に生まれて一人一人に異った無量の生涯を遺して逝った人のなかで、よい人とよくない人と、優れた人と劣った人と、満足した人としなかった人とをくらべてみたら、本当の意味において成功した人びとはいうまでもなく少ないであろう。こういうことは、私たちの親としてのうれしい気持ちを暗くする。せっかく楽しいものに思った事業（しごと）を、苦しいものに思わせる。不安に思いつつする仕事は、成功するものでないことはたしかである。数かぎりなく生まれた人のなかで、よい生涯を送った人が少ないとすれば、それはこの二葉が成長するであろうか、花咲くであろうかと危ぶみおそれつつ育てた親や教師が多かったからではないだろうか。

　生まれた赤ん坊に乳を求める心を教えたおぼえのある母親は、どこかに一人でもあるだろうか。赤ん坊はその生存と発達になくてならないものを、熱心に求めることを知っている。それは人類をつくり給いしものが、人類の本能のなかに、忘れずに用意して下さった働きだからである。その心もその身体と同じように丈夫に美しく育ちたいと熱心にのぞむ本能（ちから）を与えられているのだと私は思っている。すべての人の親はみなそう思うことができるであろう。私たちはどこまでもこのことを信じて、しばらくも忘れてはならない。

（节选自：羽仁もと子『最も楽しい事業』）

（1）「私」は人の世になによりも楽しいもので、張り合いのあるものは何だと思っていますか。

（2）親としてのうれしい気持ちを暗くし、せっかく楽しいものに思った事業を苦しいものに思わせるのはなぜですか。

（3）どこまでも信じて、しばらくも忘れてはならないことは何ですか。

---

3. 写作练习（结合题目要求和本课所学完成写作）

假设你即将去某日企应聘，该企业要求你提前写好日语应聘申请书。请结合本课所学知识，尝试完成一份日语应聘申请书。（其中「自分の長所・短所」「学生時代に努力・注力したこと」「志望動機」各不少于200字）

		性別	（写真）
ふりがな			
氏名		男・女	
生年月日（西暦）	年　　　　月　　　　日　生まれ（満　　　歳）		
ふりがな			
現住所	〒　　　－ 電話：自宅　（　　　）　　／携帯　（　　　）		
e-mail	＠		
学歴	入学年月	学校名（高校から記入）	
	年　月		
	年　月		
	年　月		
大学・学部・学科			
興味のある科目			
保有資格			
留学・海外在住経験			
語学力	TOEIC　　　　　　TOEFL　　　　　　　その他		

续表

クラブ・サークル	
趣味・特技	
アルバイト経験	
自分の長所・短所	
学生時代に努力・注力したこと	
志望動機	
その他・特記事項	

课堂练习参考答案

第一课　初次见面：自我介绍写作

1.

（1）張民と申します。北京で生まれ育ちました。

（2）趣味はランニングで、去年は北京マラソン大会に参加しました。

（3）両親と一緒に暮らしています。それから二匹の可愛い犬を飼っています。

（4）今はプログラミングを勉強していて、将来は立派な／一人前のエンジニアになりたいです。

（5）映画マニアと友達になって、仲良くなりたいです。

2.

（1）テレビやラジオで流れてくる異国の言葉を聞くたびに、その背後にある文化や風習に思いを馳せたからです。

（2）外国語教師です。

（3）教育は単なる知識の伝授ではなく、学生たちの個性と能力を伸ばし、彼らが自信を持って未来に向かって歩んでいくための支えでもあると「私」は思っています。

3.（略）

第二課　自我展示：简历写作

1.

（1）優れたコミュニケーション能力を持っていると思います。

（2）スピーチコンテストに出て優勝したことがありました。

（3）これから一年間、サロンを取り組んでいきたいです。

（4）イベントのスポンサーになっていただけませんでしょうか。

（5）社会主義の核心的価値観に準じます。

2.

（1）「私」は2年の時の故障が原因でスランプに陥りずっと試合で勝てない状態が続いていたからです。

（2）疲れている部員がいれば、「私」は背中を叩き励ましの声掛けをしました。

（3）これから大学のグループで作業をすること、グループで何かの結果を出すことでキャプテンを経験して得たものを活かして頑張るつもりです。

3.（略）

第三课　校园活动：海报文案写作

1.

（1）落選した場合、当日13時以降に会場でチケットを購入して入場することが可能です。

（2）本イベントは国籍不問のため、応募大歓迎です。

（3）QRコードをスキャンしてイベントの事前予約ができます。

（4）今回のイベントは中日交流の促進を目指しています。

（5）勤勉で／道が開ける／成功へ【仅供参考，符合川柳规则及要求主题即可】

2.

（1）トラックの格闘技です。

（2）ラスト200mでそれまで残していたスタミナを全部使いきり前に出し、前にいた選手が追いつけず段々と距離が離れていく瞬間がすごく気持ちいいからです。

（3）「これは作戦だ。お前をずるいというのは負けたヤツのやっかみだ」です。

3.（略）

第四课　工厂参观：说明文写作

1.

（1）漢字とは中国発祥で、世界で最も古い文字の一つです。

（2）統計によると、詩仙李白は一生をわたって千首以上の詩を作ったらしいです。

（3）ほかの国より中国の無形文化財の数は世界一多いです。

（4）京劇は長い歴史を持ち、中国伝統戯曲の一種です。

（5）中国の五大国粋の一つである漢服が再び流行るようになっています。

2.

（1）ただほかの体育科目より楽だと思われたからです。

（2）太極拳を真剣に取り組みされすれば体が強くなります。

（3）太極拳は「お年寄りの拳法」だけではなく、全世界に広める価値がある宝物だと「私」は思っています。

3.（略）

第五课　日常生活：日记写作

1.

（1）明日なら晴れのち曇りだそうです。

（2）家に着いたばかりに篠突く雨が降ってきました。

（3）気分転換のために、半ヶ月間友達と日本に旅行しました。

（4）調子が悪いので、推しの握手会に行きそこねたなんて、悔しいです。

（5）一人映画に行く上に内容もつまらないなんて、ひときわ寂しいです。

2.

（1）霧でした。

（2）お絵描きをして遊んでいました。

（3）花火会場は人がいっぱいで満員電車みたいに混雑していましたし、「ぼく」は人混みが苦手だったからです。

3.（略）

第六课　书信交流1：明信片书写

1.

（1）明ましておめでとうございます。今年もよろしくお願いします。

（2）ご無沙汰していますが、この頃はお元気でいらっしゃいますか。

（3）旧年中は格別の御厚情を賜り、厚く御礼を申し上げます。

（4）皆様のご健勝とご多幸をお祈り申し上げます。

（5）これからの人生に幸多からんことを。

2.

（1）朝から晩まで、学校の自習室に篭って勉強しています。

（2）資格試験をもう一度受け直すつもりです。

（3）常に自分自身を向上させ、成長し続けることが大切だと思っています。

3.【仅供参考，符合夏日问候信要求即可】

　（暑中お見舞い申し上げます）

　年々暑さが厳しくなり、今年もすでに全国で最高気温記録が更新されましたが、いかがお凌ぎでしょうか。

　このような気候ですが、お陰様で、私たちは涼を得ながら元気に過ごしております。

　……

　酷暑の折、夏バテなどなさいませんよう心よりお祈りいたしております。

　（令和六年　盛夏）

第七课　书信交流2：信函写作

1.

（1）降りしきる蝉の声に夏の盛りを感じる頃になりました。

（2）今年も田畑が実り、天高く馬肥ゆる秋になりました。

（3）突然お手紙を差し上げる失礼をお許し下さい。

（4）貴行ますますご隆昌／ご繁栄／ご盛栄のこととお喜び申し上げます。

（5）御状／貴簡／ご書状／お手紙を拝読いたしました。いつもお心遣いありがとうございました。

2.

（1）佳子が毎日腰かけていた肘掛椅子の中には、恐らく見も知らぬ一人の男が入っていることです。

（2）封書の上書には、その無気味な手紙と寸分違わぬ筆癖をもって、佳子の名宛が書かれてあったからです。

（3）手紙を書いた人は佳子先生の作品を愛読者で、自分の創作が読まれる上、批評をもらいたいからです。

3.（略）

第八課　組織機構：公文写作

1.

（1）平素は弊社を応援して頂き、誠にありがとうございました。

（2）調査によると、この度火災が発生した原因は機械故障と判明しました。

（3）食事の前に手をよく洗うこと。

（4）なお、上記事項をご確認の上、こちらでご署名してください。

（5）もし会議に参加できない場合は、事前に／前もって担当者にメールで連絡してください。

2.

（1）明治村は明治建築を保存展示する野外博物館として、愛知県犬山市郊外、入鹿池に面した美しい風景の丘陵地に昭和40年に開村しました。

（2）明治時代の建築は震災や戦災、そして戦後の産業の高度成長によって生じた大小の公私開発事業により、さらなる時代の変化とともに姿を消していくこととなりました。

（3）村内中に落ちているどんぐりや松ぼっくりを拾うことです。

3.（略）

第九课　网络社交：评论写作

1.

（1）お品物は確かに受け取りました。

（2）この度はご購入いただき、誠にありがとうございました。またご縁がありましたらよろしくお願いします。

（3）このゲームの人気ぶりを見れば、続編はいつか必ず発売されるに違いない。

（4）この映画は老若男女を問わず、誰でもが楽しめる素晴らしい作品だと思います。

（5）新しい機能がたくさん追加されても、全てが必要というわけではない。

2.

（1）いもむしちゃんで、今はさつまいもとゲジゲジの絵文字が並んでいるアカウント名をしています。

（2）自分の推しのお気に入りの写真をひたすら投下し合って、あれもそれもかわいいやばいと言いながら一緒に夜を更かしていることです。

（3）中途半端に陰キャラなので沈黙しました。

3.（略）

第十课　实习面试：应聘申请书写作

1.

（1）卒業後、教育業界に携わりたいと思っています。

（2）アルバイトを通じて、たくさんの友達を作ることができました。

（3）教師にとって、教育に関する理論知識をきちんと身に付けるのは肝心です。

（4）優れた外交官になるには、二つ以上の外国語を話せるのが求められます。

（5）日本語を一生懸命勉強し、中日両国の関係発展に貢献したいと思っています。

2.

（1）仕事です。

（2）無数に生まれて一人一人に異った無量の生涯を遺して逝った人のなかで、本当の意味において成功した人びとはいうまでもなく少ないからです。

（3）人類の心もその身体と同じように丈夫に美しく育ちたいと熱心にのぞむ本能（ちから）を与えられていることです。

3.（略）

附录一　常见俳句与季语

> 春

- 古池や　蛙飛び込む　水の音（松尾芭蕉）
- 鶯の　笠落としたる　椿かな（松尾芭蕉）
- すごすごと　摘やつまずや　土筆（宝井其角）
- 菫ほどな　小さき人に　生まれたし（夏目漱石）
- なく雲雀　松風立ちて　落ちにけり（水原秋桜子）
- 藤咲きぬ　林あかるく　風あふれ（水原秋桜子）
- 来しかたや　馬酔木咲く野の　日のひかり（水原秋桜子）
- 手をはなつ　中に落ちけり　朧月（向井去来）

[時候に関する] 暖か・うららか・のどか・啓蟄・睦月・初春・寒明・二月・旧正月・立春・早春・春浅し・寒戻り・春寒・春遅し・春めく・如月・雨水・三月・弥生・春分・彼岸・晩春・四月・春暁・春は曙・日永・春の宵・朧月夜・木の芽時・春紅葉・花冷・行く春・夏近し・夏隣

[天文に関する] 春の日・春の雲・春の空・春風・風光る・春の月・朧月・春の星・東風・貝寄風・春一番・春疾風・春嵐・黄砂・春の雪・春雨・春時雨・淡雪・牡丹雪・名残りの雪・春の霙・春の霰・春の霜・初雷・春雷・虫出しの雷・霞・陽炎・春陰・花曇・鳥曇・春夕焼・蜃気楼

[地理に関する] 春の山・山笑う・春の野・焼野・春の水・水温む・春の川・春の海・春の波・春潮・干潟・春田・苗代・春泥・春の土・雪解・雪解け川・残雪・氷解く・雪代・雪崩・薄氷・流氷

[行事に関する] 建国記念の日・憲法記念日・初午・針供養・お水取・バレンタインデー・桃の節句・雛祭・男雛・女雛・官女・五人囃子・雛納め・雛流し・菱餅・白酒・雛あられ・曲水・納税期・どんたく・春場所・開帳・春祭・謝肉祭・復活祭・みどりの日・ゴールデンウィーク

[動物に関する] 春の鹿・猫の恋・猫の子・春の鳥・鶯・雲雀・燕・燕の巣・鳥帰る・帰雁・さえずり・巣箱・雀の子・頬白・桜鯛・魚島・目張・白魚・鱒・飛魚・蛍烏賊・飯蛸・公魚・若鮎・蛤・栄螺・浅蜊・蜆・烏貝・蜷・赤貝・馬刀・桜貝・田螺・寄居虫・蛙・蝶・蜂・蜂の巣・蚕

[植物に関する] 梅・紅梅・椿・初桜・桜・彼岸桜・枝垂桜・山桜・八重桜・夜桜・花吹雪・残花・花筏・沈丁花・ミモザ・チューリップ・菫・蓬・土筆・藤・藤棚・木蓮・雪柳・躑躅・山吹・桃の花・梨の花・林檎の花・杏の花・オレンジ・木の芽・芽吹く・緑立つ・若草・花粉・蒲公英

[人事に関する] 梅見・野焼・野火・山焼・畑焼・牧開く・杜氏帰る・雪囲解く・垣手入・北窓開く・屋根替・春の炉・春火鉢・炬燵とる・春障子・磯開・海女・壺焼・磯遊・潮干狩・目刺・干鰈・田打・田起し・種蒔・土筆摘む・茶摘・春の風邪・花粉症・遠足・受験・花見・春眠

> 夏

✧ 閑さや　岩にしみ入る　蝉の声（松尾芭蕉）

✧ 五月雨を　あつめてはやし　最上川（松尾芭蕉）

- ◇ 象潟（きさかた）や　雨に西施が　ねぶの花（松尾芭蕉）
- ◇ 雲の峰　いくつ崩れて　月の山（松尾芭蕉）
- ◇ 長持ちに　春ぞくれ行く　更衣（井原西鶴）
- ◇ 涼風の　曲がりくねって　きたりけり（小林一茶）
- ◇ もらひくる　茶碗の中の　金魚かな（内藤鳴雪）
- ◇ 目には青葉　山ホトトギス　初鰹（山口素堂）

> 夏・暑し・涼し・風薫る・雷・雲の峰・汗・団扇・ところてん・昼寝・浴衣・祭・郭公・ヒキガエル・ホトトギス・蝿・夏草・夏木立・青葉・麦の秋・立夏・柏餅・更衣（ころもがえ）・初鰹・卯の花・薔薇・牡丹・タケノコ・麦・葉桜・五月雨・梅雨・蛍・紫陽花・秋近し・梅干・炎天・瓜・向日葵・蓮・夕顔・鮎・夕立・コガネムシ・百日紅

> 秋

- ◇ 突き抜けて　天上の紺　曼珠沙華（山口誓子）
- ◇ 菊の香や　奈良には古き　仏たち（松尾芭蕉）
- ◇ 荒海や　佐渡に横たふ　天の川（松尾芭蕉）
- ◇ 文月や　六日も常の　夜には似ず（松尾芭蕉）
- ◇ 一枚の　紅葉かつ散る　静けさよ（高浜虚子）
- ◇ 柿食へば　鐘が鳴るなり　法隆寺（正岡子規）
- ◇ うつくしや　野分のあとの　とうがらし（与謝蕪村）
- ◇ 朝がほや　一輪深き　淵の色（与謝蕪村）

> 秋・夜長・露・月・霧・枝豆・イワシ・鮭・鹿・虫・渡り鳥・稲・芋・菊・芒（すすき）・梨・柿・残暑・立秋・天の川・踊り・七夕・盂蘭盆会・ヘチマ・キリギリス・鈴虫・朝顔・桔梗・撫子・萩・桃・トウガラシ・仲秋・名月・野分・十六夜・葡萄・秋深し・朝寒・稲刈り・重陽・秋刀魚・雁・紅葉・曼珠沙華・林檎・秋雨

冬

- 人々を　しぐれよやどは　寒くとも（松尾芭蕉）
- 木枯らしや　竹に隠れて　しづまりぬ（松尾芭蕉）
- いざ子ども　はしりありかん　玉霰（松尾芭蕉）
- 水仙や　寒き都の　ここかしこ（与謝蕪村）
- 暮まだき　星の輝く　枯野かな（与謝蕪村）
- 河豚汁（ふぐじる）の　われ生きている　寝ざめ哉（与謝蕪村）
- ガス灯に　吹雪輝く　街を見たり（北原白秋）
- 畳めば　我が手のあとぞ　紙衾（かみぶすま）（河合曽良）

冬・凍る・寒し・冷たし・雪・氷・霰・オリオン・霜・寒月・北風・枯野・霜柱・山眠る・熱燗・おでん・懐炉・風邪・コート・炭・雑炊・ストーブ・蕎麦湯・冬籠・七種・湯豆腐・鶴・河豚・ハヤブサ・鷹・ウサギ・鳩・鴨・牡蠣・大根・冬木立・南天の実・セロリ・枯木・小春・立冬・時雨・初氷・大根引・神の旅・七五三・落葉・大寒・柚子湯・冬至・春近し・寒梅・雪見・節分・水仙・年の暮れ・元日・初日

附录二　日语敬语表达汇总

附表 2-1　日语敬语类型和表达规则

类型		表达规则
尊敬语	特殊动词	「来る」⇒「いらっしゃる」 「食べる」⇒「召し上がる」
	添加前缀词	「お」「ご」
	添加后缀词	「さん」「様」「君」
	敬语助动词	「れる」「られる」
	句型	「お／ご＋動詞連用形＋になる」 「お／ご＋動詞連用形＋です」 「お／ご＋動詞連用形＋くださる」 「お／ご＋動詞連用形＋なさる」
谦让语Ⅰ （谦让语）	特殊动词	「行く」⇒「伺う」 「言う」⇒「申し上げる」 「食べる」⇒「いただく」 「見る」⇒「拝見する」
	添加前缀词	「粗」「拙」「弊」「寸」「小」「拝」
	添加后缀词	「ども」「め」
	句型	「お／ご＋動詞連用形＋する」 「お／ご＋動詞連用形＋いたす」 「お／ご＋動詞連用形＋いただく」 「お／ご＋動詞連用形＋する」

续表

类型		表达规则
谦让语Ⅱ（郑重语）	特定表达	「行く」⇒「参る」 「来る」⇒「参る」 「言う」⇒「申す」 「する」⇒「いたす」 「いる」⇒「おる」 「知る」⇒「存じる」 「ある」⇒「ござる」
礼貌语	添加前缀词	「お」「ご」
	助动词	「です」「ます」
美化语	添加前缀词	「お」「ご」
	词汇本身发生变化	「飯（めし）」⇒「ご飯（ごはん）」 「腹（はら）」⇒「お腹（おなか）」 「便所」⇒「お手洗い」

> 尊敬语

对话题中实施行为的人表示敬意。在话题中提及社会阶级较高的人时，例如，提及上司等时，使用尊敬语。提及说话人自身时，不使用尊敬语。

注意：

1. 复合动词一般是最后的动词用敬语。有几个动词的时候只须把最后一个动词改成敬语。
   ◇ 先生は時ほど帰っていらっしゃいました。（老师刚才回去了。）
   ◇ 先生は毎朝六時に起きて、散歩なさいます。（老师每天早晨6点起床、跑步。）
2. 主语是东西或宠物，即使是长辈也不用敬语。
   ◇ 社長の家には犬が三匹います。（社长家里有3条狗。）

3. 除特殊情况，一般对历史人物、名人等不用敬语。
✧ こちらは夏目漱石が学生時代に住んでいたところです。（这是夏目漱石学生时代居住的地方。）

➢ 谦让语Ⅰ

通过贬低自己的行为来抬高对方，以表达对对方的敬意。

注意：
1. 除了「あがる」「見える」等尊敬程度较低的词语，其他一般不用双重敬语。
2.「ごらんなさい」等用于对下级、晚辈等的命令，没有尊敬的意思。
✧ おいしいから、たべてごらんなさい。（很好吃的，尝尝看。）
3. 女性用简体「いらっしゃる？」「なさる？」时没有尊敬的意思，纯粹是为了听上去显得高雅一些。
✧ 来週の音楽会どうなさる？いらっしゃる？（下星期的音乐会怎么打算？去吗？）

➢ 谦让语Ⅱ

通过贬低自己的行为来表达郑重，但是没有被抬高的对象，只是表达自己对说话对象的郑重，且一般只用于特定表达。

注意：
1.「行く」的谦让语形式有「伺う」和「参る」两种，但根据2007年日本文化审议会制定的《敬语指南》中的分类，「伺う」被归为谦让语，「参る」被归为郑重语。
2.「ござる」是「ある」的郑重语，但是形容词接「ござる」需要按如下变换。

附表 2-2　形容词接续「ござる」变换规则

词干末尾假名	变换规则	例子
あ	词干最后一个假名改为该行「お」段假名，再加上「うございます」	早い⇒早ようございます
い	词干最后一个假名改为「ゆ」拗音，再加上「うございます」	よろしい⇒よろしゅうございます
う / お	删去「い」，再加上「うございます」	暑い⇒暑うございます 広い⇒広うございます

3. 区分谦让语与郑重语的判断标准：行为动作的目标是否有需要表达敬意的对象。

> 礼貌语

通过使用礼貌的言辞来表达敬意，没有抬高对方的意图，因此无论对象是否需要被抬高都可以使用。

> 美化语

以文雅的言辞，对事物进行美化。没有抬高对方的意图，只是表达对对方的敬意。

附录三　其他常用表达汇总

> 七大洲表达（附表 3-1）

附表 3-1　七大洲表达

日文	中文
アジア	亚洲
ヨーロッパ	欧洲
アフリカ	非洲
オーストラリア	澳洲
北アメリカ	北美洲
南アメリカ	南美洲
南極	南极洲

> 国家、语言等表达（附表 3-2）

附表 3-2　国家、语言等表达

国家	日文	～人	～語
中国	中国	中国人	中国語
日本	日本	日本人	日本語
美国	アメリカ	アメリカ人	英語
英国	イギリス	イギリス人	英語
意大利	イタリア	イタリア人	イタリア語

续表

国家	日文	～人	～語
印度	インド	インド人	ヒンディー語（印地语）
澳大利亚	オーストラリア	オーストラリア人	英語
韩国	韓国	韓国人	韓国語
西班牙	スペイン	スペイン人	スペイン語
葡萄牙	ポルトガル	ポルトガル人	ポルトガル語
荷兰	オランダ	オランダ人	オランダ語
泰国	タイ	タイ人	タイ語
德国	ドイツ	ドイツ人	ドイツ語
巴西	ブラジル	ブラジル人	ポルトガル語
法国	フランス	フランス人	フランス語
越南	ベトナム	ベトナム人	ベトナム語
墨西哥	メキシコ	メキシコ人	スペイン語
俄罗斯	ロシア	ロシア人	ロシア語

➢ 亲属称谓表达（附表3-3）

附表3-3 亲属称谓表达

中文称谓	己方家庭成员（日文）	他人家庭成员（日文）
祖父/外祖父	祖父	おじいさん
祖母/外祖母	祖母	おばあさん
父母	両親	ご両親
父亲	父	お父さん
母亲	母	お母さん
儿子	息子	息子さん
女儿	娘	娘さん・お嬢さん
兄弟/兄弟姐妹	兄弟（姉妹）	ご兄弟（姉妹）

续表

中文称谓	己方家庭成员（日文）	他人家庭成员（日文）
哥哥/姐夫	兄・兄さん	お兄さん
姐姐/嫂子	姉・姉さん	お姉さん
弟弟/妹夫	弟・（呼び捨て）	弟さん
妹妹/弟媳	妹・（呼び捨て）	妹さん
伯伯/叔叔/舅舅/姑父	おじ	おじさん
伯母/婶婶/姑姑/舅妈	おば	おばさん
堂/表兄弟姐妹	いとこ	いとこ（さん）
丈夫	夫・旦那・主人・亭主	夫・旦那さん／様・ご主人・ご亭主
妻子	妻・嫁・家内・女房・かみさん	奥さん・奥様
岳父	義理の父親・お父さん・舅	
岳母	義理の母親・お母さん・姑	

> 职位头衔及部门表达（附表 3-4）

附表 3-4 职位头衔及部门表达

分类	日文	中文
职位头衔	代表取締役	董事长
	取締役	董事
	社長	总经理
	副社長	副总经理
	専務取締役	专务董事
	常務取締役	常务董事
	部長	部长
	課長	科长

续表

分类	日文	中文
职位头衔	代理	代理
	補佐	助理
	正社員	正式员工
	契約社員	合同员工
	派遣社員	外派员工
部门	人事部	人事部
	経理部	会计部
	広報部	公关部
	総務部	行政部
	購買部	采购部
	開発部	开发部
	企画部	企划部
	営業部	销售部
	マーケティング部	市场部
	アフターサポート部	售后服务部
	カスタマーサービス部	客户服务部

➢ 日语名片示例（附图3-1）

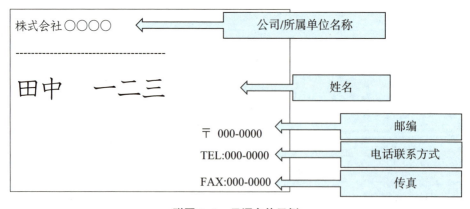

附图3-1 日语名片示例

主要参考资料

➢ 文献著作

［1］目黑真实，细谷优.新日语会话：商务篇［M］.王萍，译.北京：外语教学与研究出版社，2011.

［2］吉田妙子.日语作文教室：入门篇［M］.天津：南开大学出版社，2011.

［3］凌蓉，山岸爱美.日语写作教程［M］.上海：上海外语教育出版社，2018.

➢ 网络资料

［1］かわいいフリー素材集・いらすとや

［2］人民中国

［3］青空文庫